广告专业“十三五”规划教材
21世纪广告实用教材

广告策划与创意

郑建鹏　张小平 编著

中国传媒大学出版社
· 北京 ·

目录

CONTENTS

前 言

随着移动互联网技术的不断兴起和迅猛发展，社会各行业均面临着一场巨大的互联网变革。作为营销领域的重要一分子，广告受互联网的影响最为深刻，互联网改变了广告的传播媒介，更颠覆了广告传播的模式和方法。受互联网影响的广告行业出现了众多新的特点，这些特点表现为：传播媒介上，从纸媒向多媒的转变；互动介质上，从视觉互动到多知觉互动的转变；专业性质上，从单一专业向复合专业的转变；行业范围上，从大行业向小行业的转变。编者所在高校为艺术院校，广告专业倾向于广告创意与设计。广告设计是广告活动中产生内容的部分，广告作品是广告运作的重要环节，高校广告设计专业担负着培养广告设计人才的基本任务。以往以平面、影视为主要媒介的传统广告时期，广告设计人才的培养方向多是平面设计师、影视广告师等单一的设计人才。在互联网广告时期，广告活动中各环节的结合度愈加紧密，广告设计人才不能仅仅停留在熟练创作造型上，而要更多地深入到广告运作的各个环节中去。

自2004年进入高校讲授广告类课程伊始，编者就开始关注新媒体及媒体技术不断变革的环境下，广告专业教学的路径与突围问题。在此期间，编者先后撰写了多篇文章，试图探讨新技术环境下广告专业教育的坚守与变革问题。对于广告教育尤其广告设计教育坚守问题，编者体会最为深刻，“策略为本，创意至上”即为编者文章中的突出观点。

编者认为，无论处于何种媒体时代，广告的含义与功能一直未变：广告是信息的付费传播活动，“传播”是广告活动的本质内涵，而传播存在传受双方需求与特征的问题，存在有效与无效、高效与低效的问题。良好的广告传播活动是以最恰当的成本，凭借最适宜的媒介，向正确的受众传达其最看重和需要的信息，并使受众产生深刻的印象。

无论以报纸为主流的印刷媒体时代，还是以电视为主流的影像媒体时代，抑或到现在充斥着各种媒体形式的所谓新媒体时代，广告传播的前提未变，即对广告传播活动中传受双方，尤其是受众一方的接受心理和消费心理有深入的洞察和研究。接受心理研究保证传播活动本身的有效和高效，消费心理研究保证广告运作可以带来显著的消费行动。

对于广告专业教育来说，要实现以上目的就必须保证教育中对于学生广告策略思维和创意能力培养的足够关注。认为广告尤其广告设计就是仅仅培养学生对线条、色彩、图形的运用能力的观念是不可取的。广告策略的教育培养的是学生对于广告运作中受众消费心理的探究能力。相应的，广告创意能力的培养则满足广告传播活动中对于传播效果的要求。关于广告创意有所谓“概念”与“点子”之说。如果“概念”是策略的集中化与明确化体现的话，那么“点子”则是展现创意能力的重要指标。“概念”与“点子”是广告设计的基础，决定广告设计的基本内容。

本书侧重于广告策划与创意能力的锻炼与实践，章节安排特意将策划内容与创意内容融为一体。本书中部分案例作品的搜集来自编者的研究生，她们是徐燕、张宁、仝凯丽、孙红艳和刘静远，感谢她们不嫌笔者愚拙，投入门下攻读硕士学位。本书的出版要感谢中国传媒大学出版社的张旭女士，2003 年编者曾有幸与传媒大学出版社的诸位领导、老师结识并共处，那是我一生中最难忘的经历之一。

感谢各位读者的宽容，如果本书有何种错漏、疏误，请不吝赐教。

编者

2018 年 1 月于济南千佛山下

第一章　广告策划与创意概述

广告作为人类信息交流的方式,在现代政治、经济和文化生活中发挥着越来越重要的作用。商业活动自不必赘言,连政治选举、文化交流中也开始出现广告的身影,并日益扮演重要的角色。截止到2017年,我国广告业从业人数438.18万人,同比增长12.3%,广告经营单位112.31万户,同比增长28.3%。2017年全国广告经营额6 896.41亿元,同比增长6.3%,“十三五”期间,预计年营业额超万亿,广告已经成为国民经济的重要组成部分。

广告与民众的关系愈加密切,我们正处于一个被广告包围的世界当中。报纸、杂志、广播、电视、灯箱、高速公路单立柱、宣传单、互联网等广告媒体无时无刻不在冲击着人们的大脑,影响着我们的观念和消费。那么到底什么是广告呢?广告有什么样的特点?如何筹划一次完整的广告活动?广告策划与创意关系如何?这些问题我们将在下面的内容中详细讨论。

第一节　什么是广告

一、广告含义的渊源

广告一词源于英文的“advertise”。日本部分广告学者认为,汉字“广告”最先由日本人译来,大约在1872—1887年,日本开始流传广告一词,并在19世纪末传入中国。而日本广告学家八卷俊雄则认为①,“广告”一词最先源自中国,19世纪80年代后才开始在日本流行。

倪宁编著的《广告学教程》中提到②,现代汉语词汇中“广告”一词约在20世纪初在我国开始流传和使用。最初“advertising”多译成“告白”“告帖”等,广告一词最早应见于1907年出版的《政治官报章程》。按字面意义解释为广而告知、广泛劝告、向公众说明、告知某件事情。虽然广告活动具有悠久的历史,但广告研究却仅有150多年的时间。广告一词在一个半世纪里经历了多次演进变化,含义从最初的“广泛告知”,到现今的“付费宣传”,广告正在经历一个急剧变革的年代。

二、广告的定义

在一百多年的历史中,研究者从不同的角度和认识层次对广告做出了几十种不同的定义,我们将这些定义一一列举如下③:

1890年以前,西方社会对广告的公认定义是:广告是有关商品或服务的新闻。

1904年,加拿大裔美国广告撰稿人肯尼迪给广告下的定义:广告是采取印刷形态的推销手段。

1924年,日本广告学者中山静提出:广告的宣传目的是劝诱人们对某一特定的事情产生或增强信心,使他们赞成或坚决执行。要达到这个目的与广告宣传的次数有关系,但如果使用的方式、方法和时机选择得当,即使广告的次数少一些,也会得到令人满意的效果。

---

① 八卷俊雄. 采湘[M]. 毓朗,译.广州:广东人民出版社,1986:7-8.

② 倪宁.广告学教程[M]. 2版. 北京:中国人民大学出版社,2004:3.

③ 倪宁.广告学教程[M]. 2版. 北京:中国人民大学出版社,2004:2-4.

美国学者博登认为，广告是给群众服务和让群众购买商品，又向群众提供信息，使群众了解某方面的行为，向特定的人做工作等，以上这些是使人们能够看得到、听得见的通讯。

哈佛《企业管理百科全书》中提到，广告是一项销售信息，指向视听大众，为了付费广告主的利益，经由说服来销售商品、服务或观念。

日本学者小林太三郎在《新型广告》中也提到广告的定义，他认为广告是广告客户为实现企业目的而针对特定对象进行的信息传播活动，其传播内容包括商品、服务、意图（想法、方针、意见）等。信息传播是通过媒体实现的。企业的广告目的是为了满足消费者的需求，并起到创造社会经济效益的作用。

英国《简明不列颠百科全书》中关于广告的定义是：广告是信息的一种方式，其目的在于推销商品、劳务、舆论，博得政治支持，推进一种事业，或引起刊登广告所希望的其他反应。

除了这些国外学者或相关专业性书刊的定义之外，国外众多广告行业协会也对广告这一名词做过阐释，其中有①：

美国市场营销学会（AMA）认为，广告是由明确的广告主在付费的基础上，采用非人际传播的形式，对观念、商品或劳务进行介绍、宣传的活动。

美国广告协会的定义：广告是付费的大众传播，其最终目的是传递情报，改变人们对广告商品的态度，诱发其行动，从而使广告主得到利益。

日本广告协会的定义：广告是被明确标示出的信息发送方，作为一种信息活动，针对想要呼吁（诉求）的对象，所进行的有偿信息交流。

广告在我国流传并进入研究者和行业从业人员的视野之后，一些专业性的定义也开始出现，但早期广告研究只是零星见于学者的新闻学研究著作中，如：

① 倪宁.广告学教程[M].2版.北京：中国人民大学出版社，2004：3-4.

著名新闻学者徐宝璜在《新闻学》一书中提到:“广告者,乃有力之商业媒介,又广告者,人事之媒介也。”

新闻史学家戈公振在《中国报学史》中对于广告如此定义:广告为商业发展之史乘,亦即文化进步之记录,有促进人生与指导人生之功能。

20世纪30年代,我国比较系统独立的广告学著作《广告》问世,作者陆梅僧认为“广告是为某一种商品或服务而作的有计划的广大的宣传,意在产生、维持并扩展商品的销路或服务的范围”。

以上三种定义多为从广告的功能角度作的价值评价,不能算作真正的广告定义。新中国成立以后,尤其是20世纪80年代以来,我国广告业开始复苏,针对广告的专业性研究逐渐受到重视,这时候广告的定义更加明确。如《辞海》的定义是:广告是向公众介绍商品,报道服务内容和文娱节目的宣传方式。一般指商业广告。从广义上说,凡是向公众传播社会人事动态、文化娱乐、宣传观念的都属于广告范畴。2015年修订通过的《中华人民共和国广告法》第二条规定的法律适用范围则是“商品经营者或者服务提供者通过一定的媒介和形式直接或者间接地介绍自己所推销的商品或者服务的商业广告活动。”

三、广告的属性

通过对以上定义的简单介绍,我们可以把以往学界和业界对广告的认识总结为如下几个方面:①

第一,把广告看作一种广而告之的手段,强调广告的商业销售功能。如“‘广告’二字,其意即为广告于众,欲使广众咸知之意。”“‘广’字是广大普遍的意思,‘告’是告诉,‘广告’就是告诉大众,使大众知道的意思。广告的目的当然不仅是使大家知道这件事,还要使大家看了广告之后,引起购买的

① 陈培爱.广告学原理[M].上海:复旦大学出版社,2003:2-4.

心理。”“广告是为某一种商品所做的有计划的广大的宣传，意在产生、维持并扩展商品的销路或服务的范围。”这些广告的定义，或者从字面上解释广而告之的功能，或者强调广告对于商品和服务销售或推广的重要价值。另外诸如“广告是印在纸上的推销术”、“广告是获得市场的一种手段”等定义也都没有解释广告的本质。随着社会的不断发展，以及经济环境、广告理念和广告赖以存在的技术手段不断进步，广告的直接商业销售功能不断地被修正和更新，“广而告之”也显得越来越狭隘和不合时宜。

第二，强调广告的宣传功能，突出广告内容的广泛性，并着意表达广告重要的社会意义和强大的影响力。这种定义在原先一味强调广告商业销售功能的基础上有所提升，注意到了广告在社会政治、经济、文化发展中的全面作用。如1985年《中国广告报》刊登的黄卓明关于广告的定义：广告是在我国社会主义现代化建设的路线、方针、政策指引下，通过各种传播工具，如实地提供信息，为疏通流通渠道，指导和促进消费，刺激商品的扩大再生产，以及建设精神文明与方便人民生活而服务的综合手段。《韦伯斯特大辞典》1977年版和1988年版对广告的定义都体现了这方面的趋向。前者认为广告是指通过直接或间接的方式促进商品销售、传播某种主义或信念，召集参加各种聚会和集会等意图下所有告知性活动的形式；后者对于广告的定义是：在现代，广告被认为是运用媒体而非口头形式传递具有目的性信息的一种形式，旨在唤起人们对商品的需求并对生产或销售这些商品的企业产生好感，告知提供某种非营利性目的的服务以及阐述某种意见和见解。这些定义强调了广告的社会宣传作用，表明广告的功能在于提供信息，而不仅仅是销售商品，人们对广告的认识和运用水平都有了显著的提高。

第三，从传播学角度研究广告定义，把广告看作信息的付费传播手段，明确广告的各种因素。美国市场营销学会以及日本广告协会的定义均属这一类别，如广告是由特定广告主以付出某种代价的方式，对于设想、商品或劳务进行的非个人间的介绍及推广。美国学者勃兰认为，“广告是由明示的广告主将其观念、商品、服务向所选择的市场进行告知、说服的一种非人际传播的提示及促进活动”。日本学者清水公一在《广告理论与战略》中提到，勃兰使用“管理可能的形式”而不是“付费形式”是因为“大量出现的公共服务、宣传活动，虽然不是付费形式，却使用了一定的版面或时段，并采用了管理可能的形式。若局限于付费形式，诸如此类的公益广告将被排除在外”。付费性作为现代广告的一个基本特性，指广告发布必须要付出一定的媒介费用，所以不用付出广告费用的其他传播手段如新闻稿则不属于广告范畴，但一些政府或社会公益机构发布的广告虽然不需要支付媒介费用，但是仍需要创意、制作等费用，只是因为自有媒介或者免费使用而免除了这部分费用而已。

四、广告的构成要素

1.广告主

广告必须有明确的广告主。广告主是指付费购买媒体的版面或时间，以促进产品销售、树立企业形象或传达消费观念的组织或个人。广告主可以是个人、企业、团体甚至国家等。广告公司一般把广告主称为“广告客户”，所以公司中专门负责同广告主联系沟通的角色叫作“客户主管”，或称AE（Account Executive）。广告主是广告活动的行为主体，是广告活动的发起者、广告信息的提供者，也是广告费用的承担者。在一次广告活动中，广告主必须是明确的。在广告中，有关广告主的信息要鲜明、突出、简洁，这样才易于广告接收者识别、记忆和理解，提高广告主产品的知名度、认知度和美誉度，使广告主得到充分的回报。再则，明确的广告主也有利于厘清广告责任，广告活动中对消费者的承诺应该是真实的。明确了广告主，可以防止欺骗性广告的出现，即使出现虚假和误导的广告信息，也能分清责任，有利于追究责任和纠正错误。

商业广告活动中,广告主一般为企业,可分为三个层次:制造商;批发商;零售商。一般情况下,生产企业广告花费最多,而中间商则很少做广告。零售商的广告开支呈不断上升的趋势,尤其是一些大商场和品牌专卖店,更是通过广告来促销。同时,生产企业和零售商实施联合广告策略、互惠互利的情形也相当普遍。

2.广告信息

广告的创意、设计、制作与发布都必须有一定的内容。广告信息关系到广告的创意策略,只有正确理解和运用广告相关信息,才能设计制作出吸引消费者的广告。广告信息比较宽泛,它可以是跟广告主相关的各个方面,可以宣传特定产品和服务,也可以塑造自身的良好形象,或者倡导对自己有利的某种理念。广告信息是广告要素的主体。广告能否达到说服的目的,关键在于广告信息。对于受众来说,他们直接接触到的广告内容就是广告信息。有效信息的根本,在于广告策划者确定正确的广告策略,通过对市场的分析,进而确定广告目标,制定创意策略、媒体策略和促销策略,再通过恰当的媒体发布,影响消费者的行动。

3.广告公司

广告公司是专门从事广告代理与广告经营的商业性服务组织机构。它是站在广告主的立场上制订广告方案并根据这个方案购买媒介、实施广告活动。根据广告公司的服务功能和经营范围,可以将广告公司分为全面业务服务型公司和部分业务服务型公司。全面业务服务是指为广告主提供关于广告活动全过程、全方位的服务,包括产品分析、市场调查、销售方式分析、媒介调查、制订和实施广告规划等。部分业务服务是指为广告主提供广告活动中的某一项或几项服务,如单一的设计、制作、购买媒介等。广告公司要同广告主联系,理解广告主的意图,按广告主的要求制作和发布广告。广告公司还要同广告媒介联系,有的广告公司拥有一部分媒介,即媒介广告公司，有的广告公司没有自己掌控的媒介，则必须出资租用。广告公司还要同市场联系。广告在开始策划制作之前，广告公司会进行大量的市场调研，了解详细的销售状况和存在的问题，以确定合适的广告目标和有效的解决方案。广告作品通过媒介发布之后，广告公司还必须深入市场，指导销售部门利用广告进行促销和品牌建设活动，同时还要从相关机构收集消费者对于广告本身和产品销售的意见反馈，以了解广告效果，并对以后的广告运作和品牌建设提出意见等。

4.广告对象

广告对象指广告所针对的目标消费者，即广告信息的接收者。广告对象之所以成为广告的要素，是因为消费者是广告的最终环节，只有被消费者接受的广告才是有效广告。作为说服行为，广告不能撇开消费者，否则就是无的放矢。这就要求广告必须去研究其接收对象即消费者的行为，在把握消费者消费形态的基础上实施有针对性的广告策略。这是现代广告的基本要求。在广告传播活动中，并不是所有的消费者都是广告的对象，广告是针对特定的目标市场实施的信息传播活动。目标市场是企业根据产品定位和营销重点来确定的，目标市场中的消费者即广告对象。选择好广告传播活动的目标对象是制定正确的广告策略的依据，是广告创作活动的中心。我们在创作广告之前，都要详细了解并确定广告对象的人口统计特征、价值观念、消费意识以及媒介接触习惯等，以确定准确的广告方向，保证广告效果，减少成本开支，增加广告效益。

5.广告媒介

广告媒介是指传递广告信息的载体。人们获取商业信息的方式有两种，一种是人际传播，即个人与个人之间的信息交流，如销售人员的上门推销、朋友之间的消息转告等。另一种是非人际传播，即通过一定的媒介来获取关于产品的信息。非人际传播是广告的本质特征之一，其成本较低，效益较好。广告要实现非人际传播,必须借助一定的广告媒介,后者是广告活动中不可或缺的要素。广告媒介有很多类,只要广告主觉得有促销价值的任何物质都可以用来作为广告媒体。广告媒介一般以报纸、杂志、广播和电视等大众媒介为主,其他还有户外媒体、网络媒体等。有效利用广告媒介不仅包括熟悉并掌握各个媒介的特性和优缺点,有针对性地选择最有利的媒介进行广告发布,还包括在分析各个媒介特性的基础上,进行创造性的媒介组合,以多种媒介实施广告策略,最大限度地发挥媒介的作用,提高广告传播的效率。

6.广告费用

广告活动的整个过程,包括策划、制作广告作品,通过媒体发布信息,以及进行广告调查等都需要付出一定的费用。具体来说,广告费用包括市场调研费、广告设计费、广告制作费、广告媒介租金、广告机构的办公费用、人员的工资、促销与公关活动费用、其他广告活动过程中的杂费等。另外,对于实行代理制的广告业务,广告主还要支付广告公司一定比例的代理佣金。在广告活动中,广告主是广告费用的支付主体,很多广告主都把广告看作是完全的支出项目,其实不然,广告是具有投入产出特点的信息传播活动。广告活动所付出的费用,虽然不能立即获得回报,但其效益可以积累。奥格威曾说过,每一次广告都是对于品牌的长程投资。广告所付出的费用可以转化为无形的品牌资产,凝聚在企业的整体营销活动之中,从而间接促进销售。成功的广告能促进商品的销量上升,所投入的广告费用也不会加大企业的商品成本,因为广告活动具有一定的时间段,广告费用一次投入后,在一定时期内是不变的。商品的销量因为成功的广告而增加,单位商品的成本相应就会下降。

著名传播学者拉斯韦尔曾提出传播的“五要素”说,即谁、通过什么、将什么、传播给谁、起到了什么效果。广告作为一种特殊的传播活动,也同样遵循传播的五要素。按照我们上面提到的广告活动的几个要素来看,我们可以这样对应:“谁”即广告主和广告公司,因为虽然广告主是传播活动的最初来源,但广告公司负责加工广告信息,选择广告媒介,是广告活动的直接实施者,他们都可以算作是广告传播活动的发起者;“通过什么”即广告活动采用了什么媒介手段;“将什么”即广告主和广告公司选择和加工了产品的哪方面特征,并通过什么样的戏剧化方式,将其传达出去;“传播给谁”,这里的“谁”就是广告对象,也就是广告活动的目标消费人群,如果广告对象不明确,那广告的效果将大打折扣;“起到了什么效果”就是广告效果。我们将这五个因素组织和沟通起来,以更好地服务产品的推广和品牌形象的树立的过程就是广告活动的过程。而广告费用是伴随着整个广告活动全程的,作为一种付费传播的方式,广告费用保证了广告活动的顺利开展和有效执行,并确保一定的广告效果。需要特别说明的是,在广告的元素中我们提出了广告主、广告公司、媒介、广告信息以及广告对象等内容,却没有广告效果与广告计划,因为我们认为后两者是伴随着广告运作过程的内容,它们的变动性与操作性更强一些。

第二节　什么是广告策划

一、广告策划的含义

“策划”最早是1955年由美国营销学者爱德华・伯纳斯在其著作《策划同意》中提出的。20世纪60年代,英国BMB广告公司的创始人斯坦利在广告领域首先使用了这个词。对于策划的含义有许多不同的说法,其中最有影响力和指导意义的是美国哈佛企业管理丛书编撰委员会的定义,即策划是一种程序,在本质上是一种运用脑力的理性行为,基本上所有的策划都是关于未来的事物,即策划是针对未来要发生的事情做当前的决策。相应地,广告策划即对未来广告活动的理性决策①。

在我国“策划”一词最早见于《后汉书》，也写作“策画”。《词源》将其解释为“筹划，计划”；《辞海》则解释为“计划，打算”。改革开放之后，我国开始引入“广告策划”的概念，当时业界呼吁要树立“以调查为先导，以策划为基础，以创意为灵魂”的现代广告运作观念。这期间几个主要的广告策划观点有“唐仁承说”和“杨荣刚说”。前者认为，广告策划是对广告的整体战略与策略的运筹规划。广告策划就是对于提出广告决策、实施广告决策、检验广告决策全过程作预先的考虑与设想。广告策划不是具体的广告业务，而是广告决策的形成过程②。后者认为，策划是广告人通过周密的市场调查和系统的分析，利用已经掌握的知识（情报或资料）和手段，科学、合理、有效地布局广告活动进程，并预先推知和判断市场态势和消费群体定式的现在和未来的需求，以及未知状况的结果③。

广告策划同广告运作紧密相关，是对广告运作过程的筹划与安排。广告运作指在现代广告中广告发起、规划、执行的全过程，是广告主体的主要行为。广告主、广告代理商、广告媒介密切合作，环环相扣，分别扮演不同的角色，承担不同的任务，形成现代广告最为基本的活动模式。在这种基本模式中，广告运作表现出它鲜明的特性：它是一种动态的过程；它是一种按一定顺序连续发生的行为；它由各种必要的环节构成，各个环节都包含丰富的内容。

在现代广告的生存环境中，广告主—广告代理商—广告媒介这一核心链条早已经固定下来。这一链条具有两重性质。首先，它是现代广告市场的基本运营机制，即广告主委托代理商负责广告业务，代理商委托媒介进行广告发布，广告主支付媒介广告费用，代理商从媒介获得佣金。其次，它是特定的广告本体——广告运动：广告主对代理商提出“做广告”的要求，代理

---

① 卫军英.现代广告策划[M].北京：首都经贸大学出版社，2010：3.

② 唐仁承.广告策划[M].北京：轻工业出版社，1989：4-5.

③ 杨荣刚.现代广告策划[M].北京：机械工业出版社，1989：6.

商为广告主策划广告活动，创意、设计、制作广告作品，媒介向受众发布广告作品。这一过程正是我们探讨广告运作规律的基础和核心。

现代广告运作是综合了多方面要素的系统性过程，而这一过程要合理、有序、有效运转，必须依靠事先的计划和准备，即广告策划。因此，广告策划实际上是规定广告主、广告代理商以及广告媒介这一核心链条具体任务以及相互关系的总的安排，“是根据广告主的营销策略，按照一定的程序对广告运动或者广告活动的总体进行的前瞻性规划的活动。它以科学、客观的市场调查为基础，以富于创造性和效益性的广告策划文本为直接结果，以广告运动的效果调查为终结，追求广告运动进程的合理化和广告效果的最大化，是广告公司内部业务运作的一个重要环节，是现代广告运作科学化、规范化的重要标志之一”①。

二、广告策划的形成与发展

从广告策划的定义看，它以广告代理商为主要的行为主体。因此，广告策划的形成与发展其实就是代理商一步步从小到大，从单一的版面贩卖工作到提供综合性策略策划服务的演变与提升过程。广告代理商出现于19世纪，在近200年的发展历程中，广告代理商的主要角色及其提供的服务项目与任务经历了四个阶段的发展变化。

1.版面销售的时代

广告代理商最早是应报纸媒介的需求而产生的，通常隶属于报纸的广告部门，或者由与报纸有密切关系的人开办，主要业务是为报纸推销广告版面，从中收取一定的佣金，大多依附于媒介，独立性较弱。

2.版面掮客的时代

随着企业广告业务和报纸媒介数量的增加，广告代理商开始应广告主

① 张翔，罗洪程.广告策划[M].长沙：中南大学出版社，2003：15.

的要求代理媒介购买，同时代理多家媒介的广告业务，而且不再作为媒介版面的推销者，而是媒介版面的购买者，从买卖的过程中赚取差价。这样，广告代理商就成为独立性较强的版面掮客。

3.技术性广告服务的时代

随着广告的发展，广告代理商提供的单纯的版面购买服务已经难以满足广告主的需求，代理商之间的竞争也越来越激烈，因此部分广告代理商开始提供更为丰富的广告服务内容，如广告创意、设计、制作等。由此，广告代理商的角色也进入技术性广告服务时代。这个阶段一直持续了相当长的时间，并且仍在当代的一些广告公司中延续，只不过所提供的服务更为复杂，技术水平有更大幅度的提高而已。

4.策略性广告服务的时代

在提供技术性广告服务的时代，代理商多数按照广告主的要求提供服务，很少对广告主提出策略性建议。但是随着专业化分工的加速和广告水平的提高，广告主不但不愿再独立承担制定广告策略的任务，而且也越来越没有能力完成这样的任务，因此更多地借助于专业化的广告公司，广告公司开始提供策略性的广告服务，如制订广告计划、塑造品牌形象等。

在这个阶段的前期，广告代理商的服务还仅仅局限于为广告主提出广告策略的建议。但是，当代的广告代理商已经越来越深地介入到广告主的市场营销运作中，根据广告主的市场营销策略制定长期的、全面的广告战略，即进行全面的广告策划。

近年来，在广告运作的过程中，广告策划被要求在更为广大的地域范围内、竞争性更强的市场中、非常复杂的表达技巧中进行策略的选择，使广告能够满足难度日益加大的企业营销的需要，有方向、有控制地施行。由此，广告代理商的策略性服务逐渐地向更深、更广的方向发展，而整合传播的适时出现，恰恰体现出了这种发展趋势。

广告策划诞生于实践之中。由于企业与市场的需要，广告策划必须衔接市场营销与企业战略，并基于详尽而周密的分析，形成有关广告运作的战略和决策。随着现代广告的不断发展，广告策划中的一系列战略分析与决策过程已经形成了完整有效的运转模式，这对提高整体广告运作的科学性有巨大的贡献。

三、广告策划的过程

现代广告策划是一个综合的操作过程，它从头至尾包含了广告的市场调查研究、广告计划、广告创意、广告设计表现与制作、广告媒介策划、广告效果调查与反馈等。

1.进行广告调查

这是广告策划的第一个环节。广告调查研究首先由广告主向参与广告运作的人员与部门说明本企业营销传播活动中的促销计划、传播计划、价格策略以及渠道策略开始。通过定向说明会，广告主与广告公司进行初级沟通，确定广告运作的基本方向与广告合作意图，总结归纳产品营销的问题。带着企业的这些问题，进行广告运作的调查研究。

广告调查可以由广告公司进行，也可以双方合作进行。调查研究的项目大致包括：宏观市场营销环境调查分析、企业与竞争对手经营状况调查分析、产品调查分析、消费者调查分析等。

营销环境分析包括了宏观政治、经济、法律、文化环境对企业营销的影响；产业发展态势对企业营销的影响；企业营销中的微观因素等。

企业与竞争对手经营状况分析包括确定企业的竞争对手；明了行业内各企业的竞争状况；企业与竞争对手相比存在的优势和劣势等。

产品调查与分析包括了产品特性的分析、产品形象的分析、产品生命周期的分析、产品与同类产品的比较。产品分析可以得出产品在市场上面临的机会与威胁,以及与同类产品相比存在的优势和劣势。

消费者分析包括现有消费者群体的特征;现有消费者的消费行为;现有消费者对本产品和同类产品的态度;潜在消费者的群体特征;潜在消费者成为实际消费者的可能性等。

另外还有企业与竞争对手广告分析,包括了广告时间、广告范围、诉求对象、媒介策略、广告效果等。通过分析明确企业与竞争对手在广告发布方面的优势与不足。

2.制订广告计划

广告计划是对整个广告活动的安排,按照不同目的和要求,广告计划有不同的类别。从包含的范围看,广告计划有广义和狭义之分,前者包括广告调查、广告内容、广告表现、广告预算、广告媒介组合、广告效果测定等广告全部环节的安排与确定。后者则指广告目标、广告对象、广告地区、广告时机等的安排与确定。我们这里主要指狭义上的广告计划。广告计划是一项行动文件,它把广告活动的主要步骤、时间安排、参与部门等编制成行动文件。它是对某一广告目标以及完成这一目标的解释,同时也是对企业实现经营战略的承诺纲要。因此,广告计划一旦制订,就成为广告活动必须遵守的行为准则和努力方向,它可以根据具体情况做出修正和完善,但只能是一定范围内的有限的改变。

3.进行广告创意

大卫·奥格威说过,要吸引消费者的注意,让他们来买你的产品,非要有好的点子不可。这个点子就是广告创意。广告创意是广告运作中极为重要的环节。广告的设计表现,广告诉求主题的确定,广告媒体的选择、甄别与策划都要以广告创意为核心。广告创意就是对如何表现广告主题的构思。对于广告运作来说,广告创意是根据市场、商品、消费者等方面的研究结果以及广告计划的具体部署,以塑造产品和企业的品牌形象为主要目标,来确定的广告表现方案。广告创意要想成功，必须做到新颖独特、立足真实、有情感、简洁含蓄的统一。独特性和创造性是广告创意与设计能够吸引消费者的最大武器，广告只有不断推陈出新，才能在消费者心中留下深刻的印象。而真实性则是广告创意的生命，广告创意无论如何新颖，都建立在最真实的产品事实的基础上。同时广告创意还要从情感上感染观众，让他们能够感同身受，继而接受广告所宣传的内容。

4.广告表现设计

在广告创意决定了广告的概念与点子之后，广告策划便进入广告表现与设计阶段。广告的设计制作一般包括如下几个环节：首先要初步决定广告的表现形式，平面广告可选择图画式、文字式、实物照片式、综合式等；然后在深刻理解广告创意和诉求重点的基础上，恰当地选择和甄别广告设计可以使用的各种视觉符号；之后便是文案的问题，对广告设计来说，文案是体现广告创意主题的重要内容，文案内容同非文字符号相互配合，以更好地表现广告主题；在确定视觉符号与非视觉符号的基础上，勾画出广告作品的草稿，广播广告主要是文字稿，电视广告则通过文案和故事板的形式来体现，这些草稿完成后还要同广告策划人员以及广告主反复商讨、修改，直至最后确定；正式制作广告样本，平面广告会有印刷样本，广播广告和电视广告会有样片，这些工作可以由广告公司做，也可以交给专门的广告制作公司、传媒机构和拍摄制作机构来做；最后，印刷或制作的样本与样片经过广告公司、广告主的审查后就可以正式印刷制作了，如果发布还需要通过媒体和相关政府机构的审查。

5.策划广告媒体

广告制作出来之后，就需要选择相应的媒体进行发布。广告媒体策划不仅仅只是选择媒体这么简单，它还需要我们综合考虑各种媒体特征，有针对性地进行多种媒体的组合发布，以更有效地命中目标对象，增强广告传播的效果。日本电通公司提出拟订广告媒体计划的三个步骤:第一步为确认广告计划,即进一步确认广告的目标、区域、时间、方针与广告预算;第二步为拟订媒体计划方案,包括了选择媒体等级,按媒体分配广告预算,决定广告媒体的时间、版面的基本单位,决定发稿次数,确定发稿日程表;第三步为评价媒体计划方案、决定发稿计划,包括确认目标,购买媒体时间、版面等。在媒体计划中一定要注意媒体组合策略。做好了媒体组合,可以最大限度地提高广告的触及率和重复率,扩大消费者认知,在心理上给消费者营造最大的声势。

6.调查广告效果

广告发布之后,按照广告目标与广告合作协议有关内容,将进行广告效果的阶段性调查,以检讨失误,总结经验。广告效果调查可以由广告公司自己组织,也可以由广告主委托专门的广告调查机构来实施。广告效果是指广告对其接收者所产生的影响及由于人际传播所达到的综合效应。比如,新产品广告,通过广告活动促使消费者了解本品牌优点,从而改变已有品牌消费习惯;企业形象广告,通过广告活动宣传企业独特的形象,从而在公众心目中建立对企业的良好印象,使消费者对该企业及其各种产品产生亲近感、认同感,最终促进产品销售。广告成功与否,由广告效果来检验。衡量广告效果的指标有许多,比较科学的是看广告是否达到了预定的目标,而不是简单地以销量增加与否来衡量。尽管广告最终是为了销售,但一次广告活动的目标是有不同层次的。这些层次表现在追求知名度、追求理解度、追求信任度以及追求销售量的增加上,因此,必须根据广告的具体目标来衡量广告效果。科利 1961 年曾为美国全国广告主协会设计了“制定广告目标以测定广告效果”(简称 DAGMAR)的原则,这样就可以通过现有调查研究工具及方法来测定广告的效果。

广告运作开始于接受广告委托之后的各方面信息调研,这是成功的广告运作的初始环节,也是必需环节,它为完整广告运作提供了有力的信息保证。在充分了解各方面信息的基础之上,广告运作团队会制订出详细的广告计划,并同时进行广告创意的发想与讨论,最终确定初步的广告方案。广告创意方案经过广告主、广告创意团队,甚至销售商、消费者代表的审查、测试与讨论后最终确定,并进入表现与制作环节。广告在正式制作出来后,面临的问题就是选择哪些媒体进行组合发布,即媒体策划的环节。为了更好地了解广告对于消费者的影响,我们还需要对所发布的广告作品进行效果调研,以求不断修正广告创意方向,增强广告效果,服务企业营销活动。

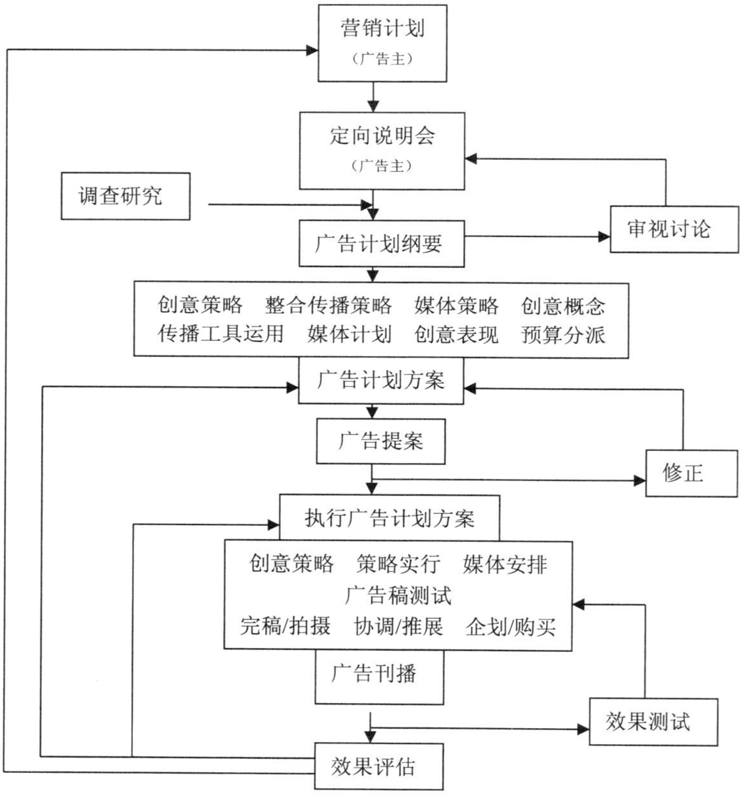

图 1-1　广告策划与运作流程①

① 倪宁.广告学教程[M].2 版.北京:中国人民大学出版社,2009:155.

第三节　什么是广告创意

广告创意是广告运作的重要环节,是广告设计表现与文案写作的必经步骤和阶段。广告创意的产生不是一时之意或者单纯的拍脑袋,它是在经市场调研所获取的重要资料的基础上,在明确的广告目标指导下,体现了一定的广告策略思想,并且在限定的广告预算范围内进行的。实际上,好的广告创意一方面受广告运作其他环节的影响和牵掣,另一方面又是保证其他广告环节有效运行的关键步骤,优秀广告的外在体现就是上佳的广告创意。那么什么才是上佳的广告创意呢?

一、广告创意的含义

1.广告创意的含义与本质

创意,英文为 Creation,字面意思为“创造意境、意象或者意念”。广告创意具有名词和动词两个方面的含义,作为动词指提出有创造性的关于商品或服务的构思和想法,作为名词则单指这些有新意的构思和想法。

广告学者和业界人员对于广告创意的含义众说纷纭,其中有代表性的观点如下①:

美国著名广告研究者和实践者詹姆斯·韦伯·扬曾经指出:“广告创意是组合商品、消费者亦即人性的种种事项。真正的广告创作,眼光应该放在人性方面,从商品、消费者亦即人性的组合去发展思路。”

森特格·威克则说:“创意就是你发现了人们习以为常的事物中的新的

① 丁柏铨,等.广告文案写作教程[M].上海:复旦大学出版社,2002:140-141.

含义。”H. 弗兰克认为:“创意人员的责任是收集所有能帮助解决问题的材料,像产品事实、产品定位、媒体状况、各种市场调查数据、广告费用等,把这些材料分类整理归纳出需要传达的信息,最后转化为一种极富戏剧性的形式。”

美国最权威的广告杂志《广告时代》对创意的论述同以上观点有些相似,它指出:“广告创意是一种控制工作,广告创意是为别人陪嫁,而非自己出嫁,优秀的广告创意人员深知此道,他们在熟识商品、市场销售计划等多种信息的基础上,发展并赢得广告活动,这就是广告创意的真正内涵。”

基于以上论述我们认为,广告创意是广告人员在对市场、产品和目标消费者进行调查分析的前提下,根据广告客户的营销目标,以广告策略为基础,对抽象的产品概念诉求予以具象而艺术的表现的创造性的思维活动。具体来讲:

(1)广告创意从本质上看,是一种创造性思维

广告创意,关键就在一个“创”字。创造意味着产生并构想过去不曾有过的事物或观念,或者,将过去毫不相干的两件或更多的事物或观念组合成新的事物和观念。广告创意要求摒弃惯性思维,追求新颖独特,发人之所未发,言人之所未言。

广告活动是否能完成其告知和劝服的职责,在很大程度上要依赖于广告作品是否具有创造性。精彩的广告创意使广告诉求信息更形象、更生动、更有说服力。

(2)广告创意的前提是科学的市场调查

广告创意必须符合广告产品的整体营销目标,为此,广告创意人员必须充分掌握产品、市场竞争对手以及目标消费者的消费心理等各类信息,以期从中发现或开发出能够有效地达成营销目标的创意主题。例如 P&G 公司在中国推出儿童纸尿裤,创意人员想当然地以“方便”作为诉求主题,以为凭此必能大受年轻母亲们的青睐,然而事实却大大出乎意料。经过深入细致的

调查，广告人员发现，给孩子用纸尿裤在年轻母亲们的潜意识里产生了一种由于太方便而没有恪尽母爱职守的负疚心理，这直接影响了年轻母亲们的购买行为。

(3)广告创意善于将抽象的产品概念转换为具象而艺术的表现形式

广告创意固然是创造性的思维活动，但又与一般意义的创造性思维不同。其中最大的差别就是广告创意在思维方式上并不是寻找解决某个问题的方法，而是寻求如何用形象生动的表现方式来说明某个事物(产品)的某个概念。这里的关键之处在于转换：将抽象的概念转换为具体的形象，将科学的策略转换为艺术的表现。

(4)广告创意的目的是为了塑造品牌形象、体现商品个性

广告的终极目标无疑是为了促进商品的销售，但并非每一则广告都是为了直达这一目标(比如形象广告)。即使是促销广告，也不能只是号召大家来购买。具体到广告创意这一环节，创意的目的是如何让目标受众了解商品个性，如何让品牌形象在目标受众的心中扎下根，在此基础上再促使他们心甘情愿地采取购买行动。

2.广告创意与纯艺术创作的差异

从根本功能上看，纯艺术创作是以欣赏为根本目的的，没有多少经济或其他方面的功利性，而广告是以传达信息为首要目的的，其功能在于传播早先设定的特定信息，具有政治或经济方面的特定功利性考虑。

从创作手法上看，纯艺术创作和广告虽然都利用了想象的巨大作用，但纯艺术创作的想象可以为虚假的，但广告想象必须能证实其真实性。

从艺术构思有无羁绊看，纯艺术创作的构思不受任何外在事物的限制，但广告创意必须受广告产品和广告策划的制约。

从创作目的看，纯艺术创作以作者个人感情抒发为目的，而广告创意则以追求广告效果为目的。

从环境条件看，纯艺术创作不受时空的限制，可以跳出单一的环境窠

臼，而广告创意是瞬间传达，其创作受到时空因素的影响。

从作品风格看，纯艺术创作多讲究艺术家的个性和艺术风格，而广告创意则围绕商品和服务展开，体现产品或服务的个性特征。

从作品意蕴看，纯艺术创作追求含蓄、朦胧、模棱两可，多角度理解回味无穷；而广告作品的诉求必须清晰、准确，防止误导。

纯艺术创作以个人感受为基础，以艺术形式为中心，而广告作品则以市场为基础，以消费者为中心。

纯艺术创作以个人创作的方式进行，而广告作品则集中各方心力，以集体劳动来完成。

纯艺术创作最后的形式为单一形态艺术品，而广告活动则以全方位一体化的形式呈现。

从上述文字中我们不难看出，广告有自己的创意形态、创作方式，有自己的目的和要求，我们不能纯粹按照艺术创作的方式进行广告创意。

3.广告创意的三要素

一个好的广告创意，要在主题、形象和手法三方面都满足一定的要求，我们把这三个方面归结为广告创意的三要素，即明确集中的广告主题、生动可信的广告形象、新颖独特的表现手法。

首先是广告主题，这是广告创意的核心。广告创意不同于广告策划，也有别于广告制作，它是二者的中介。广告创意要将广告主题的抽象意图构思成具体的、生动的艺术形象，让受众体验到广告的意图，并且欣赏和接受它。广告主题与创意互相联系、互相依存，缺一不可。广告有了明确的主题后，如果缺少表现主题的创意，是不可能引人注目的，更不可能进入消费者的心智，继而取得良好的宣传和促销效果；如果创意新奇独特，但与主题不相协调，主题思想不能得到充分体现，甚至干扰主题思想，那也必然会转移人们的注意力，甚至产生歧义，削弱广告的效果。因此广告创意必须将广告主题作为核心要素。

其次是生动的形象。广告可以经过艺术手段的特殊处理，将广告主题淋漓尽致地表现出来，但要使消费者注意、理解和接受广告传播的思想和观念，树立企业和产品在消费者心目中鲜明、亲切和可信的形象，广告创意就要以形象、情趣、生动为依托，采用醒目惊人、幽默夸张、引人联想等艺术表现形式，将消费者带入一个妙趣横生、让人浮想联翩的艺术境界中去。广告创意来源于现实，所以广告创意的艺术处理必须严格限制在不损害真实性的范围之内。但为了达到形象生动的效果，我们还需要广告创意者发挥想象力、意象和联想等获取灵感，将形象化的妙语、诗词、音乐和富有感染力的图画、摄影融会贯通，有机结合，制作出完美生动的广告作品。

最后是新颖独特的艺术手法。广告创意是对广告主题的艺术构思，它是一项创造性的思维活动。独特性是广告创意最鲜明的特征，是广告创意最根本的素质和要求。与众不同的广告创意所带来的新奇魅力，总是能够引起公众的广泛注意，触发人们的强烈兴趣，并留下深刻的印象和记忆；具有独创精神的广告创意，能赋予广告非凡的震撼力，具有很强的心理突破效果。当然独创性并非一味地追求"哗众取宠"的效果。美国广告大师瑞夫斯有句名言："新花样不是创意。新花样是广告界最具有危险性的字眼。若让这个词先入为主，广告人就会追求诸如鬼火之类虚幻的东西。"成功的广告创意在于它的想象力和独创性，有鼓吹的力量，能使人幻想，有说服力和感染力，敢于独辟蹊径，不同凡响。总之，独创性是广告创意的生命，否则，广告创意就没有任何价值。

二、广告创意的过程

詹姆斯·韦伯·扬认为，创意的产生过程与福特汽车的生产过程颇为相像，也是在一个流水线上进行的①。在此过程中，创意依照一个可以被学

① 丁柏铨，等.广告文案写作教程[M].上海：复旦大学出版社，2002：147-149.

习和掌握的操作技巧活动,它的有效应用与其他任何工具的有效应用一样,也只不过是一件与技巧有联系的事情。

詹姆斯·韦伯·扬将广告创意的过程分为如下几个阶段:

1.收集资料。广告创意所需要的资料包括了特定资料与一般资料。前者是指与创意密切相关的产品、服务、消费者及竞争对手等方面的资料,这是广告创意的主要依据。后者是指你感兴趣的一切知识。广告创意人员要有强烈的求知欲,重在平时积累,需要博览群书、集腋成裘、聚沙成塔,俗话所说的“功夫在诗外”就是这个道理。我们知道艺术源于生活,而生活是最高的真理,广告创意作为艺术活动的重要形式,理应将生活作为重要的根基和源泉。

2.分析资料。分析资料实际上是“信息的咀嚼”,即对收集来的资料进行分析、归纳、整理。其基本过程是首先找出商品或服务最有特色的地方,即广告的诉求点。然后进一步找出最能吸引消费者的地方,这可作为广告的定位点。最后寻找产品同消费人群的生活间的关联性、相关性和共性,从人性需求和产品特质的关联处寻求创意,并尝试进行各种新的组合。

3.酝酿阶段。这是广告创意中资料的“消化阶段”,在这个阶段需要深思熟虑。一般在打不开思路的情况下,我们要顺其自然,可以暂时抛开你所思考的问题,让潜意识工作,显意识退居二线,不妨听听音乐、看看电影,或者去打打球,看看侦探小说等,希望在紧张之后得到放松。在酝酿阶段,每个广告创意人员都有适合自己的方式,有的人可能在散步过程中完成资料的酝酿,有的人可能在浴室或者厕所中完成。

4.顿悟阶段。这是实际产生创意的阶段,它追求灵感闪现和茅塞顿开,它就像“寒冷清晨过后的曙光”。王国维评论学问三重境界,其实就是创意的准备、酝酿、顿悟三个阶段的鲜明写照:第一境界,“昨夜西风凋碧树,独上高楼,望尽天涯路”,这是创意的准备。第二境界,“衣带渐宽终不悔,为伊消得人憔悴”,这是创意的酝酿。第三境界“众里寻他千百度,蓦然回首,那人却在灯火阑珊处”，这是创意的灵感顿悟。

5.验证阶段。这是发展评估创意，进一步推敲完善雏形，反复修改，使之能实际应用的阶段。这个阶段不同于以上各个部分，它需要理性和逻辑的参与。在理性的作用下，我们在多个创意里选择最能表现产品特色，适合消费者特点的广告表现。

对于艺术设计专业的学生来说，通过对广告创意过程的了解，我们可以揭开创意的神秘面纱，认清创意的“庐山真面目”，把握创意规律，从而创作出有效的广告作品。同时，以上广告创意的过程理论使我们相信经过训练的心智能产生敏锐发现并迅速地判断相关性的能力，创造力不是自然的恩赐。唯有树立此观念，广告教育才有存在的意义。

三、广告创意的原则

创意是一种创造性思维，要求突破思维的一切“清规戒律”。但是广告是一种功利性、实用性很强的经济行为，同时又是一种有着广大受众的社会文化现象。因此，广告创意有着与一般创造性思维不同的特征，它要在不自由中寻找更高境界的自由，是“戴着镣铐跳舞”。广告创意大致有以下一些原则。

1.相关性原则

广告创意必须与产品个性、企业形象相关联，创意的过程是对商品信息的编码过程。受众接受广告信息后，要经自身的译码，在译码中产生联想和会意，使自己的经验、体会与商品信息结合在一起，才能达成沟通。创意把概念化的主题转换为视听符号，直观性强，但也产生了多义性。为了避免产生歧义，创意时要符合相关性要求，即广告传递的信息，必须与商品或企业相关，让人一看（或听）就知道是某商品或某企业的信息，而不能含混不清或喧宾夺主。有些产品使用明星做广告，但却没能找到明星与产品之间的联系,创意缺乏相关性,受众看了之后,只记得某明星做了一则广告,却把广告所应该表达的主要信息遗忘,这种创意无疑是失败的。

2.可信性原则

在广告活动中,企业应实事求是地传播企业和商品的有关信息,而且要做出一定的利益承诺。但要注意的是,广告中的利益承诺一定诚实可靠,并且是能够实现的。因此,广告创意要以非常明确、能够实现、令人信服的利益承诺为前提和基础。只有这样,广告才能唤起消费者对企业及产品的高度信任感,才具有相当强的号召力和说服力。

3.原创性原则

广告创意贵在"新"。要做到这一点,就要突破常规、出人意料、与众不同,切忌因袭雷同、似曾相识。没有原创性,广告就缺乏吸引力和生命力。广告创意允许借鉴,但不能模仿照搬。

4.可受性原则

广告创意要追求新颖和独特,但这种新颖和独特不能超越消费者的理解力,必须能被他们接受。广告创意不应该晦涩难懂,一定要清楚明白,使目标受众看了广告之后,能够领会广告的目的与意图,理解广告作品所要传达的内容。

5.关注性原则

广告作品要能引起受众的注意,进而激发起他们的好奇心,促使他们产生购买的欲望,以达到促销的目的。从广告能否实现效果的角度来看,广告是否被关注是第一位的。AIDMA 法则认为消费者受广告影响的顺序是 Attention、Interest、Desire、Memory、Action,其最先强调的就是"广告要引起消费者的注意"。

6.震撼性原则

震撼性是指广告创意能够深入受众的心灵,对他们产生强烈的冲击。

没有震撼性,广告就难以给人留下深刻的印象。一个人每天要接收到大量的广告,要想受众对广告产品留下深刻且美好的印象,新颖、惊奇是重要的手法。刺激越强,造成的视听冲击力就越大,就越容易给受众留下印象。具体说来,画面、音响,富有哲理的广告语,都能不同程度地产生一定的视听冲击力。只有在消费者心中留下印象,才能发挥广告的作用。

例如白加黑感冒片电视广告。五彩缤纷的电视画面突然消失了,屏幕上一半黑一半白,而且信号极不稳定,此画面一下子引起人们的注意:“怎么了,电视出毛病了?”正当你着急的时候,突然看到屏幕上出现一行字:“感冒了,怎么办?你可选择白加黑的方法。”紧张的神经才松弛下来,下面的广告信息就乘机钻进你的脑子:“白天吃白色药片,不打瞌睡,晚上吃黑色药片,可以睡得很香。”这则电视广告不但引人注意,而且给人留下深刻印象,其成功之处正在于出人意料,打破常规,使人感到惊奇。

7.简明性原则

广告创意只有简单明了、纯真质朴、切中主题,才能使人过目不忘,印象深刻。美国广告大师伯恩巴克认为:“在创意的表现上光是求新求变、与众不同并不够。杰出的广告既不是夸大,也不是虚饰,而是要竭尽你的智慧使广告信息单纯化、清晰化、戏剧化,使它在消费者脑海里留下深刻而难以磨灭的记忆。”最好的创意往往是最简单的创意。因为在信息爆炸的当代社会,受众被淹没在信息的海洋中,只有那些简洁明快的广告才能够吸引他们。因此在广告创意时,主题要突出,信息要凝练,诉求重点要集中,无关紧要的要删去。电视广告镜头要破除烦琐,反映主信息;平面广告要讲究视觉流程,凸显主题,越单纯越易被受众接受。

例如麦当劳一则电视广告,画面是一个婴儿在摇篮中荡来荡去,一会儿哭一会儿笑,笑是因为摇篮荡上去时他看见了麦当劳的标志,哭是因为摇篮荡下来时看不到标志,整个广告极其简洁,没有什么多余的东西,但却形象地将广告所要表达的信息完整地传达给了目标受众。

8.促销性原则

促销是广告创意的出发点,更是广告的根本目的所在。广告创意就是通过提出具有创见性的主意和构想,吸引消费者注意和了解商品信息,使其对商品产生强烈的购买欲望,进而完成购买行为。

9.获益性原则

广告创意应该遵循利益承诺原则,要在广告中对消费者作出明确的利益承诺。要选择消费者最需要和最具有刺激性、煽动性和诱惑性的承诺,以激发他们的欲望,促使消费行为完成。

10.合规性原则

广告创意必须符合广告法规和广告发布地的伦理道德、风俗习惯。由于各个国家的广告法规和风俗习惯都有所不同,因此在广告创意时一定要做到符合规范。比如,在很多国家香烟广告被禁止在公共场合发布;在我国不能做比较广告和以“性”为诉求点的广告等。

思考题:

1.从广告的属性角度辨别广告的各种定义,分析其各自特点。

2.试分析广告创意与广告策划过程中其他阶段的关系。

3.举例说明广告创意的震撼性原则。

4.试分析广告创意与纯艺术创作的联系与区别。

第二章　广告策划的调查与分析

广告策划是一项科学、严谨而系统的工作,在广告活动普遍追求投资回报的今天,广告主越来越不愿意冒险把大笔的广告费用投入到无法引起目标消费者关注的商业活动中去。如何才能使我们的广告活动目标更加明确、效率更高、效果更好呢?答案是在广告策划与实施前,进行必要、合理、有效的市场调查与分析,并以此作为整个广告运作活动的市场基础和策划前提。

第一节　调查的步骤、方法与技术

一、调查概说

1.调查的概念

广告调查又叫广告市场营销调查或市场调研。广义的市场调研指的是从认识市场到制定营销决策的一切有关市场营销活动的分析和研究。狭义的市场调研则指的是市场信息的收集和分析等。美国市场营销学会认为,市场调研是一种通过信息将消费者、顾客、公众与营销者连接起来的职能。这些信息用于识别和确定营销机会及问题,产生、提炼和评估营销活动,监督营销绩效,改进人们对于营销过程的理解。

对于广告策划活动来说,市场调研就是通过科学的方法,系统而有效地收集、整理和分析跟广告推广活动有关的各种数据和信息,并将结果反馈给广告运作小组,以此为基础来指导广告的目标市场策略、产品定位策略、广告诉求策略、广告表现策略、广告媒介策略等决策。因此,市场调研是广告运作活动的开端,也是后续大量重要的决策过程的开始,在广告策划活动中具有重要的意义和价值。通过市场调研,广告运作人员将对企业的营销环境、企业的产品、消费者、企业的竞争对手动态等有详细的了解和分析,以保证广告活动效力最大化。

2.调查的步骤

完整的市场调查与分析主要由如下几个步骤组成,即确定问题,收集资料;构拟方案,提出计划;执行计划,实施调研;分析总结,调研应用。

(1)收集各种信息,确定营销问题

广告运作人员首先要同广告主、销售商、企业营销人员以及个别消费者进行初步沟通,了解他们对于产品市场销售和消费者印象等问题的认识和理解,从中找出产品或品牌所面临的基本问题,以此确定调研的核心问题,并提出对于调研问题的假设和基本的调研目的。广告主和经销商感受最深的往往是产品的销量,而大多数时候市场调研也是从销量减少等现象中去寻找产品或品牌存在的问题。如假设销量减少的原因在于人们对于空调功能的不认同,那么我们的调研目的则可以界定为了解目标消费者对空调的主要功能的看法与接受程度,为某品牌空调的广告宣传提供参考依据,并试图通过调研发现产品的特殊卖点,形成新的产品定位和广告定位。

(2)构拟调研方案,明确调研计划

在明确了基本的调研问题,并对其作了方向性的假设之后,广告策划的调研人员需要对调研问题建立一个大体的框架结构,即对调研方案和调研执行计划进行详细的规划和构拟。具体内容包括:明确规定调研的目的和调研内容;确定调研对象和调研总体;选择一种或几种调研方法;设计问卷与印刷;制订调研实施的具体计划和进度;整理数据,分析方案;制订调研经费预算等。必要时,市场调研人员还应该撰写专门的调研策划书提交客户研讨和审查。

(3)执行调研计划,实施市场调研

这是市场调研的关键阶段,广告策划人员需要通过使用各种调研方法,有针对性地获取广告运作所需要的市场资料。调研是否能够按照计划实施以及调研细节问题的处理是否恰当是决定调研结果是否可信有效的重要因素,因此调研员的工作异常重要。在调研实施之前,要充分做好调研员的挑选和培训,让他们充分理解、坚决执行调研工作程序,明确各种突发问题的处理方法和应对策略,如在访谈中如何调动受访者的回答兴趣,保证调研的真实性和充分性,如何以合理得体的言行谈吐减少因调研员自身形象带来的调研误差,如何有效消除受访者同行人员对受访者的干扰等。在抽样调查中,广告运作人员还要时刻保持对调研工作的质量监控,做好样本的审查和复核工作,尤其是样本人群的分层状况是否符合调研要求,回答是否规范、真实、有效等。

(4)分析调研数据,应用调研结果

只要调研组织合理有序,数据的收集就会比较简单。但对数据进行整理和分析,并得出结论则是一项比较烦琐的工作。广告运作的调研人员需要将数据查收、校对,并录入数据库以备处理和分析。目前绝大多数市场调研已经可以通过诸如 SPSS 之类的社会科学分析软件来进行大量数据的统计分析,工作效率大大提高。但这只是调研分析的一部分,大量的工作是调研人员将枯燥的数字、图表变为活生生的文字表述和结论,供广告运作和创意人员制定广告策略,在进行广告创意与表现时做阅读、理解、借鉴和参考之用。

市场调研结论有时还需要撰写成系统的调研报告,这些调研报告和结论将应用到接下来的广告运作中,以减少广告策略制定的盲目性,提高广告运作的效率,保证广告运作的针对性和效果。这是广告运作中市场调研的最终方向,也是它的终极目的。策略是否科学、广告创意能否吸引人很大程度上取决于这个环节。

二、调查方法

市场调研的方法有很多种。从调研信息的来源看,我们可以分为案头调查和实地调查两大类;从调研的性质看,我们又可以分为定性调研和定量调研两类。在实际调研活动过程中,为了保证调研结论的真实、有效,我们往往综合运用案头调查和实地调查的方法,并将定性与定量紧密结合起来。具体来说,市场调研经常使用的方法有如下几种。

1.资料调研法

即二手资料整理、分析和研究的方法,属于案头调查的方法,是指广告运作人员对现有的数据、报告、文章、书籍等信息资料进行收集、整理、分析和利用。二手资料的来源主要有三种。其一,各种统计年鉴和研究年鉴等。在我国,这些年鉴由各级政府、非营利性机构、贸易组织、行业协会出版,包括了全国经济统计年鉴、全国社会统计年鉴、分省区统计年鉴、各种专业年鉴、经济蓝皮书、经济白皮书、社会蓝皮书、消费行为年鉴等。其二,企业的内部资料,包括企业内部的各种报表,订货和发货记录以及销售员和顾客的反馈信息等。其三,各种专业性杂志和报纸等商业刊物发表的文章以及广告运作人员自身的知识经验等。

广告策划人员通过查阅各种资料,将有关的资料复印或剪贴,汇集成有针对性的资料集,或者按照资料的类型分门别类,将其中重要的内容勾画或者摘抄下来,以备参考和引用。通过对这些资料的分析和研究,广告运作人员明确市场活动的发展脉络,并对未来状况做出预测。

2.观察法

指在自然条件下,有目的有计划地直接观察研究对象或消费者的言行表现,从而分析其心理活动和行为规律,以获取市场调查信息的方法。为了真实了解产品或品牌的营销状态,调查人员可以扮作普通顾客,详细记录下消费者接受服务或购买产品的整个过程,分析其中发现的问题,这种观察的方法要求观察人员亲身参与其中,我们称之为参与观察。相应的,观察人员不参与被观察者行为过程的观察方法即非参与性观察。美国的市场调查机构为坎贝尔汤包所作的市场调查就是非参与性调查。一家出版机构建议坎贝尔汤包在其出版物上做广告,坎贝尔的老板却认为自己的产品主要是富人消费,穷人根本不舍得花钱买汤包,都是自己去做,而这个出版物的主要读者却是穷人。出版机构委托调查公司进行调查,调查公司选取富人区和穷人区的垃圾箱作为调查对象,观察垃圾箱中汤包的数量。结果富人区的汤包很少,而穷人区的垃圾箱充满了各式的汤包。原来,富人家的汤都是佣人准备的,自然是自己动手烹制,而穷人多用汤包来调制汤品,因为这样可以节省大量时间去工作赚钱。

观察法的优点是自然、真实、可靠,而且简便易行、花费低廉,但同样也存在着被动和表面化的缺陷。为了减少观察的误差,我们要注意区分观察的时间和地点,如了解商场的人流量,自然要确定工作日还是休息日,休息日也要区分高峰时段和低峰时段等。同时为了更好地进行分析,我们可以借助录音、录像的方式来保存,以方便观察人员反复分析,提高观察的效率。

3.访谈法

指通过访谈者与受访者之间的交谈,了解受访者的动机、态度、个性和价值观念以及具体消费行为的市场调查方法。访谈法能够收集到较为广泛的市场信息,因此经常被采用。根据访谈者是否严格遵循事先拟定的提纲来看,访谈法可以分为结构式访谈和无结构式访谈两种。前者是访谈者严格按照访谈提纲来获取信息;后者则具有较大的开放性,访谈者可以根据访谈的进程,针对随时出现的新状况进行追问和深入了解,以获取更有价值的市场信息。无结构式访谈大多是一对一的直接访问,对于探索性问题的了解非常有效。

在访谈法中,有一种焦点小组座谈的方法较常使用。这是由一个经过训练的主持人对一组具有代表性的消费者在特定环境里进行的深入访谈。焦点小组座谈需要有专门的室内环境,通常在访谈房间内装有一个单面玻璃,供另一个房间里的调查人员随时观察被访者的行为和神态。房间内还需要安装有录音录像设备。焦点小组座谈的参与者一般十人左右,包括一名主持人和一名记录人员。其基本程序是:明确目的;甄别参与者;确定主持人;准备调研提纲;现场布置;实施访谈;分析资料和数据;总结和撰写报告。表 2-1 是一个关于韩式披萨店的焦点小组座谈提纲,供大家参考。

表 2-1　韩式披萨店的焦点小组座谈提纲

步骤	时间(分钟)	备注
预热话题和发言规则	10	
小组成员互相介绍	3—5	
上饭馆吃饭的态度和情感测试(具体问题略)	15	消费行为
对快餐的态度和情感测试	15	消费行为
对西餐的态度和情感测试	20	消费行为
*以下针对没有披萨店用餐经历的小组		
1.测试对披萨店的态度和认知	20	态度
2.对披萨店服务的期望	10	态度
3.对披萨店内部装饰的期望	10	态度
*以下针对有披萨店用餐经历的小组		
1.了解消费行为细节和对用餐经历的评价	30	消费行为、态度
2.对披萨店用餐服务的评价	10	态度
3.消费者对披萨店内装饰的认知和评价	10	态度
概念 1 测试	10	出示概念版
概念 2 测试	10	出示概念版
谢谢参与,结束座谈,告知如何领取报酬		

4.问卷法

指将问题设计成问答题目的形式，让调查对象将自己的意见或回答填入问卷之中，通过对答案的分析和统计，获得相应结论的方法。根据回答的方式，问卷中的问题可以被设计为是非问题、多项选择问题、分类问题、排序问题以及开放式问题几类。是非问题如“最近三个月，你是否使用过汰渍洗衣粉?”多项选择问题可多选一，也可多选多。前者如“您对‘武汉小姐’选美活动的电视转播节目兴趣如何？a.非常感兴趣；b.比较感兴趣；c.不太感兴趣；d.毫无兴趣”。后者如“您从哪些途径知道或听说过‘武汉小姐’选美大赛活动？a.电视；b.报纸/杂志；c.海报；d.网络；e.路牌广告；f.车身广告；g.朋友同事；h.参赛选手的公开表演活动；i.其他________”。分类问题如“请按照一定的标准将以下火腿肠品牌同下列城市一一对应起来”，通过人们广泛认同的城市地位的不同来了解品牌在消费者心目中的不同印象。排序问题如“如果你要结婚，你认为以下商品的必需程度如何，请按照高低顺序排序”。开放式问题即问答题，不设选择项，由访问者发挥主动性，自由回答，如“您对超市购物专门快递服务还有什么建议和看法?”开放式问题在一份问卷中不宜过多，一般1—3题即可。开放式问题过多易导致受访者产生急躁和厌烦情绪，可能出现应付了事的行为，影响回答的真实性和完整性。

问卷设计应该遵循初步考量、确定询问内容、斟酌询问措辞、告知回答方式、理清询问顺序、进行问卷排版、预访测试修正问卷等基本程序和步骤。在问题的措辞上应该注意信息要充足，要考虑到被访者是否容易回答。如“你都使用过什么牌子的洗发水”这样的问题显然过大，信息也不充分。应该改为“最近三个月，你都使用过什么牌子的洗发水?”这样既容易回答，答案又对我们当下的广告运作有指导意义。如果问题中涉及隐私，如被访者的收入、婚姻状况等，则要做到分层，告知一个大致的区间或选择项让被访者来确认。在语言上还要注意浅显易懂，少用专业术语，并注意避免问题中使用引导性和误导性的语言。在问卷问题先后组织和排版上,一般按照“受访对象甄别——问题基本认知——消费行为调查——媒体习惯调查——消费者背景调查”的顺序来进行。

5.实验法

指有目的地在严格控制的环境中,或特意创设的环境中诱使被测者产生某种心理现象,从而进行市场行为调查和态度研究的方法。实验法根据环境不同可分为实验室实验法和自然实验法两种。

在产品的开发、设计或者产品的功能检验中,我们经常采用工程心理测量的方法来验证消费者是否接受产品。如某些机械产品,以机械操作时不同年龄组手臂活动范围来设计机器装置操作面,调整操作空间布置情况,了解使用者和消费者在产品操作过程中出现的各种问题,并研究具有针对性的解决方案。在产品或竞争对手广告调查中,我们可以通过实验法了解已发布广告作品或准备发布的广告作品对消费者心理的影响。这种调查可分为广告机械性内容调查与观念性内容调查两种。前者包括广告本身设计、标题、文稿内容、版面安排以及印刷技术的调查等,后者则包括广告号召力、感染力、亲和力、记忆力和注意力等方面的调查。

随着实验技术条件的进步和发展,研究人员甚至可以利用“脑功能成像”技术对产品进行“神经营销”。神经营销是指运用神经科学方法来研究消费者行为,探求消费者决策的神经层面活动机理,找到消费者行为背后真正的推动力,从而确定恰当的营销策略。神经营销得益于20世纪90年代以后无损伤人脑扫描仪器的出现与改进,科研人员运用功能性磁成像设备和脑电记录处理设备客观记录和了解人类大脑皮层在感受到某种刺激时的兴奋程度,从而更为准确地了解消费者心理,帮助营销者了解品牌忠诚度、指导广告设计与策略、预测消费者购买行为。

20世纪70年代,百事可乐做了一系列品尝无品牌标志饮料的实验,结果显示2/3的消费者认为百事可乐的口味最佳。但是百事可乐的市场份额却远不及可口可乐。究竟是什么原因导致可口可乐拥有如此多忠诚的消费者呢？美国拜耳医学院的科学家在神经科学上给出了客观的解释。2004年有67位消费者参加了该项实验。消费者在品尝可乐时不需要自我表态，而是通过神经科学工具记录人脑在品尝可乐时的反应。实验让消费者品尝无商标的两种可乐，1/2的消费者在品尝百事可乐时，他们脑腹内侧前额皮层，即人脑中主要负责处理和强化与奖赏有关信息的区域，比品尝可口可乐时有更强烈的反应；但在消费者品尝带有商标的可乐实验中，3/4的消费者品尝可口可乐时，他们的中前额皮层，即人脑中与记忆和其他感知处理有关的高级区域被激活。从实验结果我们可以看到百事可乐就口味来说应该至少有50%的市场份额。但实际上，消费者更愿意购买可口可乐不是因为他们的口味偏好，而是受到了记忆中的品牌印象的影响。品牌对消费者的作用是高级认知功能区域活动的结果，此时与味觉相关的低级认知功能区域被高级认知所取代。因此，品牌的建树有时比单纯的功能提升要有效得多。

神经科学的实验同样可以在细节方面对广告设计策略提供帮助，2004年3月，美国《新闻周刊》报道了福特欧洲公司和戴姆勒-克莱斯勒公司支持神经营销学研究的消息。研究者发现，模特可以激活汽车购买者大脑的奖赏中心，同时有关面部识别的区域也被激活。这一结果指导公司采取了汽车人格化的广告与营销策略，并在营销活动中大量使用汽车模特进行促销。

三、调查技术

在市场调查过程中，除了具体的市场调研方法外，还有几种经常被采用的调研技术，分别是投射技术、量表技术和抽样技术。这些调研技术往往在各种调研方法中被交错融合使用，它们不属于哪一种方法，但在各种环境条件下都能被灵活运用，帮助广告策划人员获取更完整和更真实有效的市场与消费者信息。

1.投射技术

市场调查中的投射技术由心理学投射实验发展而来,指不让消费者直接说出自己的动机和态度,而是通过他对别人的描述,间接地暴露出自己的真实动机和想法。20世纪40年代,美国在研究速溶咖啡产品消费者接受情况时就采用了这样的技术。雀巢速溶咖啡刚刚上市,但销量不佳,市场人员在对消费者进行访谈后得知,消费者普遍认为速溶咖啡味道不好。但消费者在蒙眼品尝实验中,并没有明显表露出咖啡豆煮制咖啡比速溶咖啡味道好的迹象,这说明消费者的感官体验同他的思维认知并不吻合。随后市场调研人员采用了投射技术,他们设计了两份购物单,购物单上的大部分内容相同,只在一个环节上有所区别。购物单A上购买的是500克新鲜咖啡豆,而购物单B上则是500克速溶咖啡。调研人员询问消费者代表,让他们表述并评价用购物单A和购物单B去购物的人各是什么样的人?最后的结果是,大多数消费者认为用购物单A的人是一位贤妻良母,生活有品位,家庭被照顾得井井有条,而使用购物单B的人却邋里邋遢,懒惰,不做家务,生活没有趣味。原来,速溶咖啡起初上市时,一直采用简单便利的推广主题,但在消费者的心目中,方便同懒惰、不勤劳等联系在一起,他们认为用速溶咖啡给丈夫准备早餐的人都是懒妻子,这种社会潜意识无形地束缚了消费者的购买行为。在这之后,雀巢速溶咖啡不再一味宣传便利,而是转为宣传速溶咖啡同咖啡豆一样芳香美味。

投射技术在具体使用中又有联想技术和完形技术的不同。联想技术是给消费者看一段文字,然后要求他把头脑反应过程中最初涌现出来的词记录下来。在词语联想中,测试者给出一连串的词语,每给一个词语都让被测者回答其最初联想到的词语,这种技术的潜在假定是,联想可让反应者或被测者暴露出他们对有关问题的内在感情。一个被测者的反应模式以及反应的细节,可用来决定其对所研究问题的潜在态度或情感。词语联想常常用于检验品牌的名称,也可用于测量人们对特殊产品、品牌、包装或广告的态度。在美国,很多知名企业的广告文案和产品命名都要进行词语联想测试,以发现其中能引起消费者负面联想的词语,并及早进行调换。例如奥利奥公司在小组访谈中运用投射技术获得了对品牌的更深刻了解,知道奥利奥这个牌子能激发人们的强烈感情。同时,在对很多消费者进行词语联想测试的时候他们发现,很多消费者认为奥利奥很神奇,于是“释放奥利奥的魔力”便成为广告的主题。

完形技术是指给被测者一些不完全的句子,要求他们完成。一般来说,要求他们使用最初想到的那个单词或词组。与词语联想法相比,完形技术对被测者的刺激更直接,使用文章完成法得到的有关被测者感情方面的信息可能更多。不过,句子完成法不如词语联想法那么隐蔽,许多被测者可能会猜到研究的目的。句子完成法的另一种类型是段落完成,被测者要完成由某个刺激短语开头的一段文章。例如,在市场调查中,如果采用问卷或者访谈法调查消费者购买凯迪拉克的原因,相当多的消费者会说这车跑得快或者高贵。用句子完成法可以设计如下的语句:“买凯迪拉克的人________。”如果相当多的人填写富裕,则可解释为买该车的人出于一种炫耀的动机,如果相当多的人填写有魅力,则可解释为性感的动机。

2.量表技术

量表技术是以量化的方式标示受访者态度评价和行为特点的消费者测量方式,其基本方法是调查者给出大量具有明显态度和意见的语句,被测者对这些语句做赞成或反对的评价。量表技术主要使用态度总加量表、等距量表和语义分析量表等来获得消费者信息。

使用态度总加量表的基本步骤是,第一,尽量搜集与研究问题有关的项目,即表达了对研究问题的某些态度和意见的语句;第二,选择被调查者进行实验,要求被调查者就每一个问题表达赞成、比较赞成、无意见、不太赞成、不赞成等不同态度,分别记分为5、4、3、2、1,或者1、2、3、4、5;第三,计算每一位被调查者所有问题的平均得分,计算每个问题针对所有被调查者的平均分;第四,对问题进行辨别力检验,剔除辨别力低的问题,制成态度量表;第五,用定稿的态度量表去了解消费者对于商品和品牌众多方面的态度与评价。等距量表同态度总加量表大致相似,不同之处在于等距量表的表达意见从赞成到反对划分为十一等份。量表的调查是用量化分数的方式鲜明表现消费者的态度结果,以指导市场营销和广告运作。表 2-2 是网易进行网民形态调查的第 77 题,就是采用了态度总加量表的方式。

表 2-2 网易网民形态调查

我们想了解一下您对以下观念的认同程度,请选择属于自己的情况。(横向单选)

	完全反对	趋向反对	趋向同意	中立	非常同意
我更喜欢去度假,而不是去旅游					
我更喜欢越野或探险					
我更看重投资的收益,风险大也愿意承受					
金钱是衡量成功的最佳标准					
我喜欢广泛交友,结识不同类型的朋友					
我通常和自己地位相当的人交往					
身边的人需要帮助时总会向我求助					
科学技术使我的生活方便、舒适					
有一些奢侈品是我必不可缺的					
我向往发达国家的生活方式					
我向往浪漫的生活					
我的生活很有规律					
总的来说,我现在觉得很幸福					
我喜欢在家中度过我的业余时间					
因工作关系,我会经常出差					

语义分析量表同态度总加量表、等距量表稍有不同,它认为人们对某一事物的态度包含“性质”“力量”和“活动”三个方面。性质即事物的好坏、美丑、聪明愚蠢、有益无益等,我们称之为评价向量。力量即事物特性的强弱、大小、有力无力、轻重等,称作潜能向量。活动是对事物动态特性如快慢、积极消极、敏锐迟钝、死活等的评价,称作活动变量。我们将这些能够反映某

些态度评价的一组反义词引入量表中，在两极之间，设定七个等份，由被调查者根据自己的实际感受进行选择，以此了解消费者对市场和产品的态度。如用语义分析量表的方式测量企业形象。图2-1中A、B、C三个企业分别在产品、消费者感觉、营销宣传以及企业形象等方面进行了调查分析和比较，我们将所有调查者在每个项目上的评分进行平均，即可看到鲜明的态度评价曲线图。通过这种图表，我们可以对多个企业或品牌进行竞争比较，以明确广告主较竞争者的优劣势所在，提高广告运作的针对性和目的性。

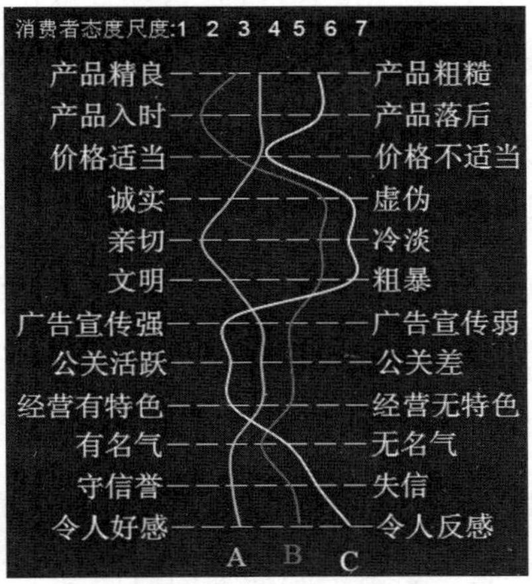

图2-1　语义分析量表测量企业形象

3.抽样技术

抽样是一种非全面调查，它是从全部调查研究对象中抽选一部分单位进行调查，并据以对全部调查研究对象做出估计和推断的一种调查技术。在广告活动中，抽样技术可以有效降低调研成本，并尽可能做到全面和高效。抽样技术实施时应该注意几个关键词，即总体、样本、抽样框、抽样设计、样本量以及抽样实施。

总体是指所要研究对象的全体。它是根据一定研究目的而规定的所要调查对象的全体所组成的集合，组成总体的各研究对象称为总体单位。某小户型楼盘的调研总体是该城市中现在打算购买房子的消费者。样本是总体的一部分,它是由从总体中按一定程序抽选出来的那部分总体单位组成的集合。抽样框是指用以代表总体,并从中抽选样本的一个框架,其具体表现形式有包括总体全部或部分单位的名册、地图、电话黄页、工商局企业登记库、行业年鉴等。抽样框在抽样调查中处于基础地位,是抽样调查必不可少的部分,其对于推断总体具有相当大的意义。抽样框的选择非常重要,1936年美国总统选举预测就因为抽样框选择不当,导致调研结果与最终事实截然相反。那次调查以电话簿和汽车登记簿为抽样框,而处于经济萧条时期的美国,太多人没有汽车也没有电话,这样抽取出来的样本就失去了代表性。所以,尽管样本量达到了两百万,但得出的兰登将胜过罗斯福的结论与后来的事实正好相反。

抽样方法是抽样技术的核心内容,可以分为随机抽样和非随机抽样两种。随机抽样又分简单随机抽样、等距抽样、分层抽样和整群抽样。简单随机抽样是指抽样时没有任何人为的控制和选择,用完全随机的方式从调查总体中抽取调查样本。可以将总体每个单元编上号码,然后混合后从中抽取若干个。等距抽样是先将调查总体单元按照一定顺序排列起来,随机抽取第一个样本后,按照一定样本间隔抽出所需要的调查样本。分层抽样是先将总体按照某些重要标志进行分组,然后在各组中采用随机方式抽取调查样本。整群抽样则是先将总体分割为多个相似的大群体,然后从中随机抽取若干个群体,这些群体中的所有个体构成整个调查样本。非随机抽样的情况也较多,如街头拦截抽样就是一种基于调查人员便利性的方法。另外还有判断抽样,是根据调查人员的主观判断或专家的判断来抽取样本的方法;配额抽样也是非随机抽样方法之一,在抽样时首先按照某些重要标志将调查总体划分为若干层次,然后根据各标志的重要程度将样本总数分配给各个层次,最后在各层中使用便利或者判断抽样的方法选取调查样本。

四、调查报告

广告调查报告是市场调查人员以书面形式,反映广告调查内容和工作过程,并提供调查结论和建议的报告。广告调查报告是广告调查研究成果的集中体现,其好坏将直接影响到整个广告调查研究工作的成果质量。一份好的广告调查报告,能给企业的广告运作活动提供有效的导向,能为企业的广告运作决策提供客观依据。

广告调查报告并无固定的格式。调查报告写作应依据调查的目的、内容、结果来决定。一般来说,广告调查报告在结构上都要包括标题、导言、主体和结尾四个部分。标题应准确揭示调查报告的主题思想,简单明了、高度概括、题文相符,并体现消费调查、市场调查、销售调查、广告传播活动调查等不同的主题和重点。导言是广告调查报告的开头部分,一般说明广告调查的目的和意义,介绍调查工作基本情况,包括调查的时间、地点、内容、对象以及采用的调查方法、技术等。主体部分是广告调查报告的主要内容,要客观、全面阐述调查所获得的材料、数据,用它们来说明有关问题,得出有关结论;对有些问题、现象要做深入分析、评论等。结尾主要形成广告调查的基本结论,对调查的结果作总结,也可适当提出对策措施,供广告策划决策者参考。有的广告调查报告还有附录,内容一般是调查的统计图表、材料出处、参考文献等。

第二节　广告分析的内容与方法

广告分析是广告策划的基础环节之一,是在广告调查基础上,对广告策划所面临的各种环境、广告策划的对象、广告策划的产品等进行一系列细致、有效、有针对性的分析,其结论对形成和确立广告策略具有极其重要的作用。本节主要对企业营销的宏观环境、微观环境及行业内竞争状况做详细介绍,产品分析、消费者分析将在广告创意的准备与实施部分做详细阐释。

任何一个企业都是在不断变化的营销环境中运行的。所谓营销环境,指的是企业成长与发展过程中面临的各种内外部条件和因素,这是影响企业营销活动的重要背景力量。一般来说,在一定的历史时期和地理区域内,企业外部总要受到特定的政治、经济、文化、科技和自然环境的影响与制约,内部则与企业的供应商、经销商、顾客、竞争对手、社会公众等构成协作、竞争、服务和监督的各种关系。前者我们称之为宏观环境,后者我们称之为微观环境。

一、企业营销的宏观环境分析

宏观环境是企业的一般环境和总体环境,是在一定时空内各类社会组织都必须面对的环境,大致可分为政治环境、社会文化环境、经济环境、技术环境、自然环境五个方面。

1.政治环境

政治环境包括国家的社会制度,执政党的性质,政府的方针、政策和法律法令等。不同的国家有不同的社会性质,而不同的社会性质对经济活动的限制和要求又不一样。具体来说,当地是否具备高效廉洁的司法机关、无歧视性且与国际接轨的法律、良好的知识产权保护?是否有有利或者不利的政治因素可能影响产品的市场?是否有有利或不利的法律因素可能影响产品的销售和广告?当然,即使是社会制度不变的同一个国家,在不同时期,由于执政党政策的不同,其政府的方针特点、政策倾向对营销活动的态度和影响也在不断变化。

以香烟广告为例，世界卫生组织于2003年5月通过首个限制烟草的全球性条约——《烟草控制框架公约》，规定烟商在香烟包装上印上警告字句，限制烟商的广告、促销和赞助活动。之后有160多个国家在公约上签字，2005年2月该公约正式生效，先期40个缔约国正式批准实施，我国于2006年1月正式生效实施。公约在缔约国生效实施后，该国须严格遵守公约的各项条款：提高烟草的价格和税收，禁止烟草广告，禁止或限制烟草商进行赞助活动，打击烟草走私，禁止向未成年人出售香烟，在香烟盒上标明“吸烟危害健康”的警示语，并采取措施减少公共场所被动吸烟等。公约核心内容在于限制烟草广告、宣传和销售以及终止烟草走私。

2.社会文化环境分析

社会文化环境指一个国家或地区居民的人口特点、教育程度、文化水平、宗教信仰、风俗习惯、审美观点和价值观念等。居民的人口规模与构成特点对市场有整体性和长远性的影响，它决定了市场规模和赢利能力的大小，能直接反映不同市场间消费需求、消费方式、购买行为和购买态度的差异；文化水平会影响居民的需求层次，进而影响营销活动的展开方式与广告诉求等；宗教信仰和风俗习惯又会使人们对某些活动方式和内容采取禁止或抵制的行为；价值观念和审美观点会影响居民对于经济活动目标、内容、方式、成果甚至活动本身的认可程度。

20世纪90年代，日本索尼公司在泰国推出了一款新式收录机。为了配合新产品在泰国的销售，拉近索尼品牌同泰国消费者的心理距离，广告策划人员制作了一条以佛祖为主角的电视广告，片中佛祖冥想打坐，突然收录机里传出动感的音乐，没过一会儿，佛祖按捺不住，随着欢快的节奏舞蹈起来。广告片在泰国播放之后，引起泰国人民的强烈不满，纷纷提出抗议，要求禁止该片在泰国继续播放。广告创意人员没有想到一个本无恶意的“玩笑”却触犯了泰国人神圣的宗教信仰，结果不得不真诚道歉。旁氏“七日寻回真爱”的电视广告片也曾在我国引起争议。该广告片以连续剧的形式讲述了一个被另寻新欢的男友抛弃的女士,在心灰意冷之时,使用了旁氏无暇透白化妆品,最终获得了姣好的容颜,并在真情的感召下使前男友浪子回头,与其再结秦晋之好的故事。片子在某电视台连续播放五集后,在消费者中产生了极大的争议。有人认为该广告宣扬了仅靠美貌就可以获得爱情的观点,而这一观念显然同国人"心灵美"的价值观念相冲突。最终该片在没有播放最后一集的情况下草草退出了我国电视荧屏。类似的还有立邦漆盘龙广告、丰田陆地巡洋舰和霸道广告等广告策划与创意同当地文化背景与价值观念相冲突,导致广告创意产生反面效果的例子。

3.经济环境分析

经济环境主要包括宏观和微观两个方面,宏观经济环境是指一个国家的国民生产总值、国民收入及其变化情况以及通过这些指标能够反映的国民经济发展水平和发展速度。微观经济环境主要指企业所在地区或所服务地区的消费者收入水平、消费偏好、储蓄情况、就业程度等。这些因素直接决定了企业的未来发展潜力和规模。这其中有两个因素是最值得广告策划人员关注的,即社会购买力以及消费者收入与支出。

社会购买力指的是一定时期内社会各方面用于购买产品或服务的货币支付能力,现实商品需求和潜在商品需求规模的大小主要取决于社会购买力的高低,因此企业必须关注由于购买力变化而带来的营销和广告活动的机会与威胁。社会购买力受到国民经济发展水平、国民收入水平、市场供求关系、通货膨胀情况以及储蓄增减变化的影响和制约。消费者收入指消费者个人从各种来源所得到的货币收入,通常包括个人的工资、奖金、其他劳动收入、退休金、助学金、红利、馈赠、出租收入等。消费者收入形成消费资料购买力,这是社会购买力的重要组成部分。去掉必须负担的各种税款和其他非税款负担之后的消费者收入为个人可支配收入,个人可支配收入去除个人维持生活所必需的各种食品、服装、住房等支出后剩余的部分为个人可任意支配收入。这部分收入越多,人们的消费水平就越高,而企业的营销和广告机会就越大。德国经济学家恩格尔提出著名的“恩格尔定律”，该理论认为，一个家庭生活水平的高低取决于家庭支出中用于购买食品的支出与用于其他方面如娱乐、教育、保健和储蓄等支出的相对比例大小，食品支出比例越高，则生活水平越低；反之，其他支出比例越高，则生活水平越高。

广告策划过程中，为了保证活动的有效性和针对性，经常要对目标区域和目标市场的消费水平进行详细分析和研究。2005年重庆“黄山景区”广告整体策略将老年旅游作为主力市场，就是因为该人群的经济地位较高，储蓄情况好，社会购买力水平较高。

4.技术环境分析

技术环境指跟企业所处领域的活动直接相关的技术手段的发展变化。随着全球经济技术水平的发展，技术变革对行业发展的驱动能力越来越强。将技术变革与产业成本结构结合起来考察，有助于我们更透彻地了解产业的驱动力和投资方向。当代技术包括了通信、信息处理、运输等多个方面。

技术进步对市场营销的影响是多方面的。首先，因为技术的不断进步，产品的生命周期有越来越短的趋势，产品更新换代不断加速，同时产品的同质化也越来越严重，仅仅注重产品物质特点的营销传播方式被注重品牌形象的传播所代替。其次，技术的进步使得劳动密集型产业面临结构转型，迫使它们向技术密集型转化。再次，技术进步使得营销传播媒介日益更新，一些更先进、目标更明确、效率更高的传播媒介被应用到营销活动中去。最后，技术的进步也对企业的领导层尤其营销人员提出了更高的要求，急需更新思维观念与管理手段。

以二维码技术为例。二维码是用特定的几何图形按一定规律在平面分布的黑白相间的矩形方阵上记录数据符号信息的新一代条码技术，由一个二维码矩阵图形和一个二维码号，以及下方的说明文字构成。手机用户需要先下载“二维码”识别软件，然后用手机摄像头对二维码图形进行扫描，即可以进入相关网页。随着移动互联网技术的不断进步，二维码可以为在线视频、网上购物、网上支付等提供方便的入口。在移动互联网时代,智能手机上网更为普遍,用不方便的手机键盘输入烦琐的上网地址,难免会影响用户体验,而二维码的应用正可以解决这个问题,从而为用户的快速上网提供支撑。除此之外,二维码在多媒体信息拓展以及应用营销方面的作用也非常明显。用户只要扫描商家的二维码就可以获得全部的商品打折信息,并可以将此当作普通的折扣券来享受打折,在地铁站、公交站、户外媒体等,只要扫描二维码就可以进入周边服务,诸如餐饮、娱乐、美容等;二维码还可以作为彩信手机报,随时了解各种信息。我们相信随着信息技术的不断进步,在营销传播中智能手机与二维码技术的结合将越来越完善,体验也会越来越好。

当然,我们也应该看到,每一种新技术的出现都是对原有产品市场的“创造性破坏”。电脑带走了一部分电视、报纸、杂志的消费者,并带走了全部打字机的消费者;复印机取代了复写纸行业;计算器驱逐了算盘的消费价值。因此,新技术的出现必定会在一定程度上使相关老品类的产品市场受到影响。

5.自然环境分析

自然环境主要指企业经营地的地理位置、气候条件和资源禀赋状况等自然因素。当代自然环境对营销的影响体现为:自然原料日益短缺,能源成本逐渐提高,环境污染问题日益严重,尤其是工业生产二氧化碳排放导致的全球气候变暖更促使低碳经济变成新世纪最响亮的口号,这些自然环境都会直接或间接地给企业带来各种威胁和机会。

企业到某地投资或从事营销活动必须了解该地的自然资源情况。如果该地对本企业产品需求大,但缺乏必要的生产资源,那么,企业就适于向该地销售产品。但是如果该地有丰富的生产资源,企业就可以在该地投资建厂,当地生产,就地销售。可见,一个地区的自然资源状况往往是吸引外地企业前来投资建厂的重要因素。自然环境对企业营销的影响还表现在两个方面：

一是自然资源短缺的影响。随着工业的发展，自然资源短缺问题日益凸显。我国资源从总体上看是丰富的，但从人均占有量上看又是短缺的。近几年，资源紧张使得一些企业陷入困境，但又促使企业寻找替代品，降低原材料消耗。例如，20 世纪 90 年代天然油脂吃紧，一些以此为主料的肥皂厂陷入困境，四川某肥皂厂也遇到同样的困难，但该厂马上研制出“芙蓉牌”肥皂粉，既提高了产品的功效，又降低了原材料的消耗，很快赢得了消费者的青睐，占领了市场。这种情况表明，资源短缺使企业生产成本大幅度上升，企业必须积极从事研究开发，尽力寻求新的资源替代品。

二是环境的污染与保护。环境污染已成为举世瞩目的问题。占世界人口总数 15%的工业发达国家，其工业废物的排放量占世界废物排放总量的 70%。我国虽属发展中国家，但工业废渣、废水、废气对环境也造成严重污染，其中煤烟型污染最为突出。对此，各国都采取了一系列措施，对环境污染问题进行控制。这样，一方面限制了某些行业的发展，另一方面也为企业创造了两种营销机会：一是为治理污染的技术和设备提供了一个大市场；二是为不破坏生态环境的新生产技术和包装方法创造了营销机会。因此，企业经营者要了解政府对资源使用的限制和治理污染的措施，力争做到既能减少环境污染，又能保证企业发展，提高经济效益。

一个国家或地区的地形地貌和气候也是企业开展市场营销所必须考虑的地理环境因素，这些地理特征对市场营销有一系列影响。例如，气候的温度与湿度等地形地貌特点会影响产品和设备的性能和使用，在沿海地区运转良好的设备到了内陆沙漠地区就有可能发生性能的急剧变化。有些国家地域辽阔、南北跨度大，各种地形地貌复杂，气候多变，企业必须根据各地的自然地理条件生产与之相适应的产品，才能适应市场的需要。例如我国北方寒冷与南方炎热的气候，都会对产品提出不同的环境适应性要求。这就是在有“火炉”称号的武汉市，夏天的降温产品如冷饮、电扇、空调、冰箱特别畅销的原因。如果从经营成本上考虑，平原地区道路平坦，运输费用比较低，而山区丘陵地带道路崎岖，运费自然就高。可见，气候、地形地貌不仅直接影响企业的经营、运输、通讯、分销等活动，而且还会影响到一个地区的经济、文化和人口分布状况。因此，企业开展营销活动，必须考虑当地的气候与地形地貌，使其营销策略能适应当地的地理环境。

二、企业营销的微观环境分析

企业微观环境因素包括企业内部状态、资源供应者、营销中间、顾客、竞争者和社会公众。

1.企业内部状态

任何一个企业的市场营销活动都不是企业某个部门的孤立行为，而是企业整体实力与能力的体现，是企业内部各部门科学分工与密切协作的组织行为。仅仅靠企业分管具体销售业务的一个部门的努力是不可能将市场营销工作做好的。因为企业市场营销活动实质上是企业科研能力、制造能力、销售能力、资金能力和适应能力等企业综合实力的具体体现，它是包括调查研究与发展部门、计划与采购供应部门、生产制造部门、财务会计部门、行政管理部门、销售部门等多个部门，和包括高级管理人员、一般管理人员、普通职工等在内的各阶层工作人员通力合作、密切配合的结果。如果没有事先的调查研究与分析，企业的生产就会失去方向；如果没有计划与采购供应部门的保障，企业便变成“无米巧妇”；如果没有生产制造部门，企业就无法“将米变成饭”；如果没有财务会计部门的资金保证以及财务分析与会计核算，企业便不可能做到心中有数，取得好的经济效益，也就很难生存和发展，等等。企业内部状态如何，是搞好企业市场营销活动的关键所在，因为其他微观环境因素和所有宏观环境因素的影响都要通过这一因素起作用。

2.资源供应者

资源供应者是为企业及其竞争者提供生产上所需资源的企业和个人，其与企业之间是一种生产协作关系。供应者供应的资源包括原料、材料、燃料、机器设备、技术、信息、资金和劳务等。企业与供应者能否密切配合，对企业的生产经营有着重大影响。如果不能及时供应所需的资源，企业便无法正常生产，交货期便受到影响，而且供应者所提供资源的数量、质量和价格，直接影响企业产品的产量、质量、成本，进而关系到企业的销量、定价、利润和企业信誉等。所以，企业要搞好市场营销活动，就一定要慎重选择好供应者，不断巩固和加强这种生产协作关系。不仅如此，企业还要不断寻找新的供应者，拓宽自己的供应渠道，以保证企业生产经营的顺利进行。

3.营销中间

营销中间指在促销、销售以及把产品送到最终购买者过程中给企业以帮助的所有企业和个人，其与企业之间是一种销售协作关系。营销中间通常包括中间商、实体分配机构、营销服务机构、金融中间人。企业与营销中介能否有机地协调配合，对企业生产经营有着重大影响。营销中间是企业市场营销活动中不可或缺的中间环节。社会化大生产的发展，使社会分工越来越细；商业与工业的分离使工业生产的效率和效益大大提高。企业只有顺应这种社会化大生产的发展趋势，搞好与营销中间的分工与协作，才能集中精力搞好生产经营，提高生产效率，降低成本，使自己生产的产品迅速到达消费者和用户手中。有了营销中间的紧密合作，企业才能顺利地开展市场营销活动。

4.顾客

顾客通常指用户和消费者，也即企业所说的目标市场。企业与顾客的关系实质上是一种生产与消费的关系。顾客的范围十分广泛，顾客市场可依据不同标准和特点分成许多类别，如消费者市场、生产者市场、转卖者市场、政府市场和国际市场等。企业生产的目的是为了满足顾客的需要，因此，顾客及其需求是企业生产经营活动的出发点，是企业生产经营决策的根本依据，也是市场营销活动的基点。顾客是企业服务的对象，企业的一切活动都必须紧紧围绕顾客这一中心展开。只有如此，企业才能真正遵照"顾客至上""按需生产"的法则从事生产经营活动，真正树立"以顾客为中心"的经营思想，并在激烈的市场竞争中游刃有余。如何通过细致的市场调查与分析，确定符合企业实际情况的目标市场，这对企业的生产经营至关重要。

5.竞争者

公司的营销系统总会受到一群竞争对手的包围和影响。一个公司要在竞争中取胜的最好办法是树立顾客观点。顾客在决定是否购买某件东西的过程中，究竟考虑些什么呢？假定一个人劳累之后需要休息，这个人会问："我现在要做些什么呢？"他的脑子里可能会闪现社交活动、体育运动和吃些东西的念头。我们把这些称为欲望竞争因素。假如这个人很想解决饥饿感，那么问题就成为："我要吃些什么呢？"各种食品就会涌现心头，如炸土豆片、糖果、软饮料、水果。这些能满足同一需要的不同的基本方式，我们称之为类别竞争因素。这时，如果他决定吃糖果，那么又会问："我要什么样的糖果呢？"于是就会想到各种糖果，如巧克力、甘草糖和水果糖，这些糖果都是满足吃糖欲望的不同形式，我们称其为产品形式竞争因素。最后，消费者认为他要吃巧克力，此后又会面对几种品牌的选择，如雀巢、吉百利等，这些称为品牌竞争因素。

在许多行业里，企业的注意力总是集中在品牌竞争因素上，而对如何抓住机会扩大市场，或者说起码不让市场萎缩，却忽略不顾。对于进行有效竞争的基本观察，现在可以作如下的概括：一个公司必须时刻牢记四个基本方面，即市场营销的4C原则，包括客户(Customers)、顾客购买便利(Convenient)、顾客购买成本(Cost)以及如何同客户沟通(Communication)。成功的营销实际上就是有效地安排好企业与顾客、销售渠道及竞争对手间的位置关系。

6.公众

公众是对一个组织能否完成其目标有着实际或潜在影响的群体。公众可能有助于增强一个企业实现自己目标的能力,也可能妨碍这种能力。鉴于公众会对企业的命运产生巨大的影响,精明的企业就会采取具体的措施,成功地处理与公众的关系,而不是不采取行动和等待。大多数企业都建立了公共关系部门,专门筹划与公众的建设性关系。公共关系部门负责收集与企业有关的公众意见和态度,发布消息、沟通信息,以建立信誉。如果出现不利于公司的反面宣传,公共关系部门就会成为排解纠纷者,危机公关的名头由此而来。2009 年年初蒙牛特仑苏牛奶添加 OMP 事件发生后,蒙牛方面坚持“速度第一”原则,借助媒体发布《蒙牛关于 OMP 牛奶的回应》,坚持“OMP 安全”观点,称其安全性受到了 FDA 等国际权威机构的认可,并积极与有关上级主管部门沟通,以期获得第三方的权威证实。经过一系列努力,2 月 14 日,卫生部就该事件回应,称经六部委专家联合认定,OMP 并不会危害健康,从而为特仑苏牛奶平反。与此同时,蒙牛方面也得到了多个有关国际组织的声援与支持,特仑苏 OMP 的安全性得到了多方的权威证实,至此事件得到平息,产品销售得到恢复。

另外,2009 年还先后出现了消费者针对王老吉没有就《食品卫生法》尚未允许添加的夏枯草成分注明“不适宜人群”而要向法院起诉,电信用户质疑中国移动构筑手机色情利益链条,农夫山泉、统一饮料“砒霜门”,潘石屹地产旗下北京建外 SOHO 项目因拖欠电、水等多项费用遭遇停暖、停热水等多个企业遭遇公众信任危机的案例。这些案例中有的因为积极处理而得到妥善解决,不仅没给企业造成伤害,还进一步巩固了企业声誉。有的则因为躲闪和推诿,失去了公众的谅解和信任。

当然,在消费者对各式传播日益敏感的态势下,企业的公共关系处理也不完全只是公关部门的事情。一个企业的全部雇员,从负责接待一般公众的高级职员到向财界发表讲话的财务副总经理，到走访客户的推销代表，都应该参与到公共关系的事务中来。

三、企业所处的行业分析

行业是指生产同类产品或具有相同工艺过程，或提供同类劳动服务的经济活动类别，如饮食行业、服装行业、机械行业等。行业是由一些公司组成的群体，它们的产品有着相同的属性，以至于为争取同样的买方群体而展开激烈的竞争。行业状况是企业决定市场策略、展开竞争的重要环境和条件，广告策划人员必须对企业所面临的行业内竞争环境有清晰的认识，这样才能找到恰当的市场定位和消费者沟通策略。企业所处的行业分析主要包括行业内竞争结构、行业内战略群、行业竞争对手、行业竞争地位等。

1.行业内竞争结构分析

美国学者波特认为，一个行业内部的竞争状态取决于五种基本竞争作用力，这五种竞争力分别是行业内现有竞争对手、入侵者、替代品生产商、买方和供应商①。如图2-2所示，这五种力量汇集起来决定了该行业的最终利润。一个公司的竞争目标在于使公司能够在行业内做到恰当定位，以有效抵御五种竞争力量的影响，并保证经济活动的高效率和高利润。

行业内现有竞争对手的分析着眼于竞争对手基本情况、主要竞争对手以及主要竞争对手动向研究三个方面。竞争对手基本情况研究主要包括竞争对手的数量、分布、营销活动，各竞争对手的规模、资金和技术力量以及判断其中哪些对自己影响最大。该项分析的目的是找到主要竞争对手。为了在众多的同行业生产商中找到主要竞争对手，我们必须通过了解反映企业实力的销售增长率、市场占有率以及产品的市场能力等数据来对它的竞争

① 周三多.管理学[M].北京:高等教育出版社,2000:98.

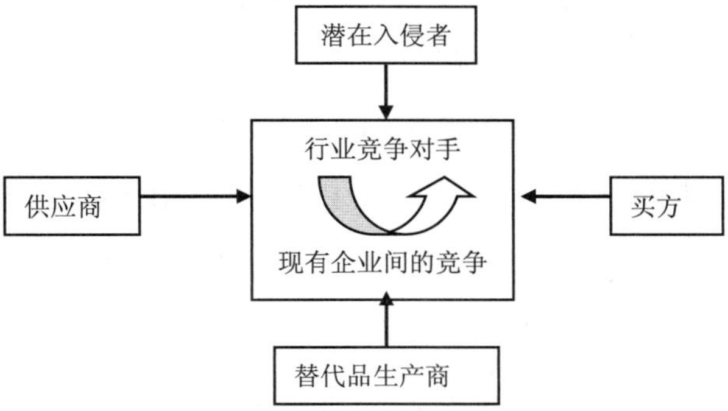

图 2-2　波特行业竞争结构分析

实力及其变化情况进行分析和确认。确定主要的竞争对手后,要探讨和分析其对本企业造成威胁的原因,确定这些原因是来自于技术实力还是资金实力,或者是营销能力等。通过找到原因来帮助企业制定与自身相适应的竞争策略。对于主要竞争对手,我们还要密切关注和监测其发展动向,尤其是对于广告策划意义重大的营销活动和广告推广的情况,这样才能保证自己在竞争中占据主动。

入侵者原先是潜在的竞争者,它凭借新的业务能力和充裕资源使行业竞争变得更为激烈。某一行业被潜在竞争者入侵的可能性大小取决于行业的进入障碍、行业产品价格水平、行业对入侵者的报复以及入侵者对报复的估计等因素的强弱。规模经济和产品差异化可阻止入侵者竞争。规模经济是指企业经营只有达到一定的规模时,才能收回经营过程中的各种花费。规模经济迫使进入者一开始就以大规模生产,但要遭受原有企业的强烈抵制;或者以小规模生产,但是在成本方面具有劣势,这两种情况都会影响企业的发展。产品差异化意味着原有公司由于过去的广告、顾客服务、产品特点或由于第一个进入该行业而获得的商标及顾客信誉上的优势,使得入侵者需要付出大量资金来打破原有的顾客对企业的忠诚。这种行为往往会导致最初,甚至较长一段时间的利润亏损。美国营销学者里斯和特劳特在《定位》一书中提出,市场的领导者应该建立宽泛的品牌名称以应对跟随者或入侵者的竞争，这便是制造品牌影响力、有效阻击竞争的重要手段①。

企业生产的产品总是对应着消费者某一方面的需要，进而体现为一定的价值和使用功能。能够满足消费者同一需要的产品则能成为相互的替代品，如从盒式录像机到VCD，从VCD到DVD，从DVD到如今的诸如MP4、电脑、PSP等各种多媒体电子产品，其功能在不断地延续、拓展和更替。这些生产企业在某一个时间节点上曾经或正存在着激烈的竞争。替代品生产商的竞争分析主要包括两方面内容，一是判断哪些产品是替代品，二是判断哪些替代品可能对本企业的经营活动产生影响、构成威胁。前者分析较为简单，后者较为复杂，也更为重要。

买方一般指消费者，它从两个方面影响行业内企业的经营活动，一是买方对产品的总需求决定着行业的市场潜力，进而影响行业内所有企业发展的最大可能性。二是不同买方讨价还价的能力会诱发企业之间的价格竞争，买方影响价格的因素主要表现为，买方是否大批量或集中购买，买方这一业务在其购买额中的份额大小，产品或服务是否具有价格合理的替代品，买方行业赢利情况如何以及买方是否掌握充分的产品信息。

企业的经营活动还要受到企业生产所需要的各种资料的供应者的限制和影响，这体现为，一是供应商能否根据企业需要按时、按质地提供所需的生产资料，二是供应商提供货物时能否给予较低的价格，前者决定着企业的生产规模能否维持并扩大，后者则决定了企业的生产成本，进而影响了企业的利润水平。

虽然五种竞争力量都会对企业的经营产生制约和影响，但最为重要和最为直接的还是行业内现有企业之间的竞争。广告策划往往是对一定时间段内的营销活动的安排和调整，因此对于直接竞争对手的情况分析和监测应是我们要重点做好的工作。

---

① 里斯，特劳特. 定位[M]. 王恩冕，于少蔚，译. 北京：中国财政经济出版社，2002：64.

2.行业内战略群分析

战略群是一个行业内某些战略特征相同或相似的企业组成的集合。波特认为,行业战略群的划分依据是企业的发展战略,这些战略体现在了专业化程度、品牌、促销方式、分销渠道选择、产品质量、技术领先程度、纵向一体化、成本结构、销售服务、价格水平、与母公司关系、与母国与东道国关系等因素上①。这些变量或是反映出企业的战略定位,或是已经具有的竞争优势,或是竞争优势可能的来源。

为了更好地了解广告策划所服务品牌与行业内其他品牌的竞争地位,我们可以绘制行业内战略群分布图。其基本步骤是:第一,选择重要的战略变量;第二,确定最有区分能力的、最重要的两个独立变量;第三,绘制战略分组图;第四,用所选的战略变量描述每一组的战略特征和收益性。

这里最关键的是选择恰当的战略变化作为两轴。这两个变量应该在行业内各企业或品牌之间具有较大的差异性,如在软饮料行业,各品牌的差异主要体现为产品宽度、品牌知名度和分销渠道等。假设我们选择了产品宽度和分销组合,那么我们就可以对美国 20 世纪 90 年代的软饮料市场做出如图 2-3 的战略群分析②。

通过战略群分析,一方面我们可以了解企业所面临的竞争环境,确定主要的竞争对手,以及竞争产生的原因和主要层面,从而为采取相应的企业策略和营销活动做好指导。另一方面,通过变量的选择和对应,我们可以在分布图上发现企业可以进入的市场空间和机会,在各品牌竞争较为宽松的市场区间开发相应的产品或传播相应的定位观念,以利于企业占据更有利的竞争地位。从图 2-3 中我们可以发现百事可乐同可口可乐是显而易见的直接竞争对手,二者在最突出的两个变量上重叠,竞争关系最为激烈。但在市场的其他领域也存在有待进入的空间,如利用别人的瓶装公司的可乐产品

① 周三多.管理学[M].北京:高等教育出版社,2000:101.
② 周三多.管理学[M].北京:高等教育出版社,2000:102.

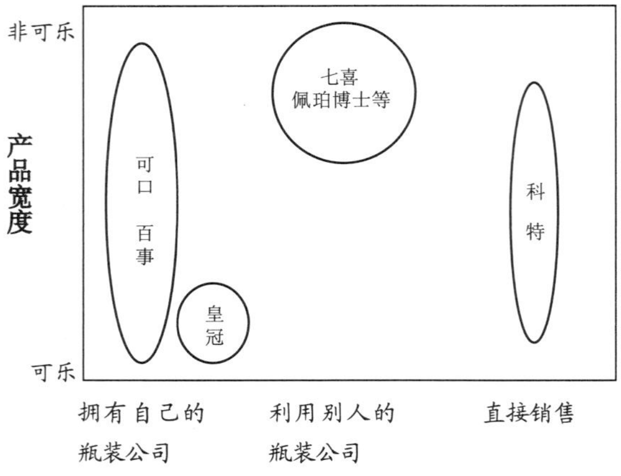

图 2-3　美国 20 世纪 90 年代软饮料市场战略群分析

就是市场的空白,在直接销售的软饮料市场里科特一枝独秀。当然,通过战略群分析发现的市场空白也并非就是最好的市场定位,能否开发产品进入这个利基市场,还需要更为全面和科学的分析与调研。

3.竞争对手与自身的分析

要想监测和了解竞争对手,首先必须学会确定企业的主要竞争对手。行业内部的竞争对手我们可以通过上文所讲的战略群划分方式辨别出来,本行业之外的潜在竞争对手的识别则可以参照如下几个标准:一是虽然不在本行业之内,但可以较为容易地克服壁垒进入本行业的企业;二是进入本行业之后可以因原材料占有、销售通路共享等产生明显协同效应的企业;三是因为战略实施而自然进入本行业的企业;四是通过后向一体化或前向一体化进入本行业的原来本行业的买方或供方。

波特认为①,竞争对手分析必须明确回答三个方面的问题,其一是什么驱使着竞争对手的行动,即分析竞争对手的愿景和使命陈述,考察竞争对手不同层级的目标设定;其二是竞争对手在做和能做什么?即竞争对手现行

① 周三多.管理学[M].北京:高等教育出版社,2000:102-103.

的基本战略姿态和发展战略;其三,分析竞争对手面对市场行为的可能反应,这里面包括了竞争对手对目前的地位是否满意、竞争对手可能做何种行动或战略改变、竞争对手的易攻击处在哪里、什么行动将会激起竞争对手最强烈和最有效的报复等。

在广告策划中我们还经常使用SWOT的方法进行竞争对手同自身的优劣比较和分析。SWOT又称为态势分析法,它是由旧金山大学的管理学教授于20世纪80年代初提出来的,SWOT四个英文字母分别代表了优势(Strength)、劣势(Weakness)、机会(Opportunity)和威胁(Threat)。SWOT分析法常常被用于制定集团发展战略和分析竞争对手情况。具体来说,优势和劣势是组织机构的内部因素,对应的是企业自身的分析,其中前者包括有利的竞争态势、充足的财政来源、良好的企业形象、强大的技术力量、规模化经济、较高的产品质量、较大的市场份额以及成本优势和广告攻势等;后者则包括设备老化、管理混乱、缺少关键技术、研究开发落后、资金短缺、经营不善、产品积压、竞争力差等。机会和威胁是组织机构的外部因素,对应的是市场和竞争对手的分析,前者具体包括新产品、新市场、新需求、外国市场壁垒解除、竞争对手失误等;后者则包括新的竞争对手、替代产品增多、市场紧缩、行业政策变化、经济衰退、客户偏好改变、突发事件等。

4.行业竞争地位分析

根据企业在目标市场上的市场占有率、对整个市场的影响力、对同类企业的影响力的不同,可分为市场领导者、市场挑战者、市场追随者、市场拾遗补缺者①。

市场领导者是在有关的产品市场上拥有最大的市场占有率,在价格变动、新产品开发、销售渠道、促销强度等方面均领导其他企业的企业。通常在大部分行业中都有一家企业居于这样的地位,其他企业会认同它的统治

① 徐智明,高志宏.广告策划[M].北京:中国物价出版社,2006:99-101.

地位,它处于竞争中心地位,其他企业或是与其竞争,或是追随其后,或是避免与其竞争。

市场领导者必须通过以下三种方式保持其领先地位。第一是扩大整个市场。市场领导者寻求市场的扩大可以通过开发产品的新使用者、开发产品的新用途使产品具有更广泛的使用范围、增加产品的使用量三个主要途径来完成。第二是保护已有市场占有率。企业要保持已有的市场占有率可通过降低价格,提升产品的优势,放弃无利可图的分销商而将配销费用集中于最有潜力的分销商,减少用于扩大企业知名度的费用、增加用于宣传产品的费用等途径来实现。第三是扩大市场占有率。市场领导者通过改进产品、改善配销渠道、改善营销组合来扩大其市场占有率。

市场挑战者指在市场竞争中采取市场挑战策略的企业,它们常常向市场领导者发起猛烈的进攻,以夺取更大的市场和更有优势的地位。市场挑战者可以选择市场领导者作为竞争对手,通过攻击市场领导者的薄弱环节来达到扩大其市场占有率的目的,可以攻击那些规模相同但经营不善的企业,从它们手中夺取市场,也可以攻击区域性的小企业,以蚕食它们的市场。

市场挑战者常选用的策略有:正面进攻——直接与对手进行产品、价格、广告、促销方面的较量;侧翼进攻——选择对手的薄弱环节进行竞争,填补对手在市场上无法覆盖的缺口;包围进攻——与对手在正面、侧翼乃至背面同时进行竞争;迂回进攻——避开对手的市场,进入自己较易进入的市场,扩大自己的资源领地;游击式进攻——不断向对手发动小规模的、基于不同市场的进攻,使对手忙于应变。在具体运作中可以使用价格折扣策略、廉价产品策略、产品革新策略、改进服务策略、配销革新策略、降低生产成本策略、密集广告促销策略等。

市场追随者大多是一些没有把握通过产品的重大革新或者营销渠道的重大改进来击败市场领导者的企业,它们一般采取市场追随者的姿态。市场领导者在向市场提供新产品、建立配销渠道时常常面临一定的风险,市场追随者可以通过模仿或者改进领导者推出的产品来降低风险，并获得高额的利润。但是市场追随者对领导者并不是简单的追随和模仿，它们也有不同的追随策略：紧随其后——追随者尽可能地在细分市场、营销组合上模仿领导者，但是并不采取激进的手段阻挡领导者扩大市场占有率；有距离追随——在追随领导者时与领导者的策略保持一定的差异性；有选择追随——追随者在某些方面模仿领导者，在另外一些方面又根据自身的条件进行创新。

市场拾遗补缺者是一些专业化的企业，它们常常以最终用户专家、顾客规模专家、特殊顾客专家、地理市场专家、产品或产品线专家、产品特点专家、加工专家、质量与价格专家、服务专家、销售渠道专家的面貌出现。

思考题：

1.比较观察法、访谈法和问卷法的优劣势，针对“消费者网络购物习惯调查”的课题，提出合适的调研方法与计划，并说明理由。

2.运用行业内战略群分析方法，分析当下我国智能手机市场的竞争状况。

3.运用SWOT分析方法，分析小米笔记本电脑的市场竞争状况。

4.运用行业竞争地位分析方法，分析中国移动4G业务的市场营销策略。

第三章　广告创意的理论与方法

科学的广告创意研究自20世纪20年代开始兴起，期间不断有新的被市场证明为有效的广告创意理论诞生，指导广告运作实践。这些创意理论在20世纪五六十年代达到高潮。好莱坞推出的获得格莱美多项电视剧大奖的电视作品《广告达人》就完整而真实地再现了那一时期美国麦迪逊大街的繁荣景象。从那时起，广告创意理论便不断地被组合、更新、修正，并频频运用到实践中去，在实践中得到验证、修改或有新的理论在此基础上被总结出来，广告创意理论的演变代表了广告策划观念和传播观念的变革与创新。

进入21世纪后，伴随着传播观念、媒体条件和消费者环境的变化，广告创意的理论又面临了新的考验和变革，尤其是随着整合营销传播理论的深入人心，广告创意开始进入一个新时期。

第一节　著名的广告创意理论

一、USP论

USP由英文Unique Selling Proposition的首写字母组成，意

为独特的销售主张。它是达彼思公司创始人罗斯·瑞夫斯在20世纪50年代提出的一种有广泛影响的广告理论,其基本要点是:(1)每一则广告必须向消费者“说一个主张”,必须让消费者明白,购买广告中的产品可以获得什么具体的利益;(2)所强调的主张必须是竞争对手做不到或无法提供的,必须说出其独特之处,在品牌和诉求方面是独一无二的;(3)所强调的主张必须是强有力的,必须聚集在一个点上,集中打动和引导消费者来购买相应的产品。

该理论指出,在消费者心目中,一旦将这种特有的主张或许诺同特定的品牌联系在一起,USP就会给该产品以持久受益的地位。例如,可口可乐是红色,百事可乐是蓝色,前者寓意着热情、奔放,富有激情,后者象征着未来,突出“百事——新一代”的主题。虽然也有其他可乐饮料采用红色或蓝色作为自己的标准色,但是,可口可乐与百事可乐首先占有了这些特性,其他品牌很难再从消费者的心目中将其夺走。

进入品牌至上的20世纪90年代,广告环境发生了翻天覆地的变化。达彼思公司重新审视USP理论,在继承和保留其精华思想的同时,发展出了一套完整的操作模型,并将其重新定义为:USP的创造力在于提示一个品牌的精髓,并通过强有力的说服证实它的独特性,使之变得所向披靡,势不可挡。达彼思发展、重申了USP的三个要点:

首先,USP是一种独特性。它内含在一个品牌深处,是尚未被提出的独特的承诺。它必须是其他品牌未能提供给消费者的最终利益。它必须能够建立一个品牌在消费者头脑中的位置,而使消费者坚信该品牌所提供的最终利益是该品牌独有的、独特的和最佳的。

其次,USP必须有销售力。它必须对消费者的需求有实际重要的意义。它必须能够与消费者的需求直接相连,必须导致消费者做出行动。它必须是有说服力和感染力的,从而能为该品牌引入新的消费群或从竞争对手中把消费者抢过来。

最后,每个 USP 必须对目标消费者做出一个主张,一个清楚的令人信服的品牌利益承诺,而且这个品牌承诺是独特的。

USP 理论的基本前提是,视消费者为理性思维者,其倾向于注意并记住广告中的一件事,一个强有力的许诺和概念。由此出发,广告则应建立在理性诉求上。具体地说,广告对准目标消费者的需要,提供可以带给他们实惠的许诺,而这种许诺必然要有理由的支持,因为理性思维者会就许诺发问,为什么会有这样的实惠?USP 的语法程序就是这样:特有的许诺加理由的支持。

达彼思重新把 USP 当作是传播品牌独特承诺最有效的方法,USP 意味着与一个品牌的精髓相关的独特销售主张。当然,这一主张将被深深地印刻在消费者头脑之中;USP 广告不仅只是传播产品信息,更主要的是要激发消费者的购买行为。

图 3-1 为 SUUMO 房地产广告。被寄居蟹住过的房子,值几个钱?在房价高涨的今天,我们为了一套房奔波一生,寄居蟹也是,终其一生不断地搬家,只为了追求最舒适的壳。由于环境恶化,适合寄居蟹居住的壳越来越少。但对于它们来说,壳必不可少却也不愿将就。窄了住不进去,大了容易绊脚,随着身体一天天成长,新壳得一个个地试,大小要刚好,舒适最重要。

那么,被寄居蟹住过的房子代表着什么?日本博报堂集团为房地产公司 SUUMO 策划了一场有趣的实验——“寄居蟹之家”。博报堂根据寄居蟹的身形、习惯、重量,同时为了不伤害到它柔软的肚子,特别量身打造一款超舒适的壳。然后,让这些壳散落在沙滩的各个角落,等待每一只寄居蟹住进来。当寄居蟹拖着旧壳缓缓靠近时,决定性的实验开始了……左瞅瞅,右探探,寄居蟹笨重的钳子拿起又放下,再三纠结,离开又重来,当它们搬起柔软的肚子住进新壳时,整个实验团队都沸腾了。

被接受的壳,代表了寄居蟹认可的舒适。每次住进一只蟹,就等于免费拥有了一个会移动的户外广告。小小的寄居蟹满沙滩地跑,来此度假的游客看到了它们印有 SUUMO 的壳。这个广告获得了 2016 年第 19 届亚太广告节 ADFEST 直效类、户外类全场最大奖以及创新类最大奖。

图 3-1　SUUMO 房地产广告

二、品牌形象论

品牌形象论是 20 世纪 60 年代由美国广告大师大卫·奥格威提出来的，其主要观点是：

1.为塑造品牌服务是广告最主要的目标

广告就是要力图使品牌具有并且维持一个高知名度的品牌形象。奥格威认为形象指的是个性，它能使产品在市场上长盛不衰，但使用不当也能使它们滞销。因此，如果品牌既适合男性也适合女性、既适合高收入人群也适合低收入人群，品牌就没有了个性，成了一种不伦不类不男不女的东西。所以，最终决定品牌市场地位的是品牌总体上的性格，而不是产品间微不足道的差异。

2.任何一个广告都是对品牌的长程投资

从长远的观点看,广告必须尽力去维护一个好的品牌形象,为此可牺牲短期效益。奥格威告诫客户,目光短浅地一味地搞促销、低价及其他类似的短期行为的做法,无助于维护一个好的品牌形象。而对品牌形象的长期投资,可使形象不断地成长,实现品牌资产的累积。

3.品牌形象比产品功能更重要

同类产品的差异性减小,品牌之间的同质性就会增大,消费者选择品牌时所运用的理性思维相应就会减少。因此,描绘品牌的形象要比强调产品的具体功能特征重要得多。比如,各种品牌香烟、啤酒、纯净水、洗涤化妆用品、服装、皮鞋等都没有什么大的差别,这时,为品牌树立一种突出的形象就可为厂商在市场上获得较大的占有率和利润。奥格威把品牌形象作为创作具有销售力的广告的一个必要手段,在市场调查、产品定位后总要为品牌确定一个形象。

4.广告更重要的是满足消费者的心理需求

消费者购买时所追求的是"实质利益+心理利益",对于某些消费者来说,广告尤其应该重视运用形象来满足其心理的需求。广告的作用就是赋予品牌不同的联想,正是这些联想给了它们不同的个性。不过,这些联想要符合目标市场的追求和渴望。"万宝路"之所以知名,并不是因为它的烟味,也不是该香烟的其他什么内在特性,而是该品牌形象的作用。万宝路唤起消费者一些综合的极为丰富的联想——虚构的西部地区、到处漂泊的牛仔、自由、独立、大草原、强壮的男子汉等构成的一幅多姿多彩的动感世界,这些景象正好迎合了许多人的幻想。

5.品牌广告的表现方法

奥格威还提出了一些品牌广告的秘诀,比如广告的前十秒内使用品牌名,利用品牌名做文字游戏可以让受众记住品牌,以包装盒结尾的片子较能改变品牌偏好,幽默、生活片段、证言、示范、疑难解答、独白、有个性的角色或人物、提出理由、新闻手法、情感诉求等是改变消费者品牌偏好度的有效手法。

综上所述,无论 USP 还是品牌形象论,两者都在追求对品牌的确认,不同的是 USP 立足于理性诉求,而品牌形象论则更多地诉诸情感因素。实际上,任何理性诉求都暗含着情感的因素。这不仅表现在产品所提供的实惠给消费者带来的满足会产生积极的情感体验,还因为产品的理性诉求往往需要情绪的激发来补充。比如,雀巢咖啡突出"味道好极了",这是该广告集中于味觉的 USP,而这种 USP 正是通过一个给人好感的模特,以其自然潇洒的神态表达出饮后的无限美味感受,给人带来强烈感染力的。

图 3-2 为箭牌口香糖"经典更持久,回味更悠长"广告创意。箭牌是口香糖品牌中的老大哥,也一直拥有良好的口碑。箭牌制作了以"经典更持久"(Classics Last Longer)为广告概念的创意作品,三幅平面图借用经典的童话故事和文学著作,用俏皮的形式阐述了主题。经典口香糖的带状形态形成的迷宫,将"持久"这个状态视觉化,主题一目了然,并使画面更耐看,红绿的经典配色沿用了箭牌口香糖的传统。

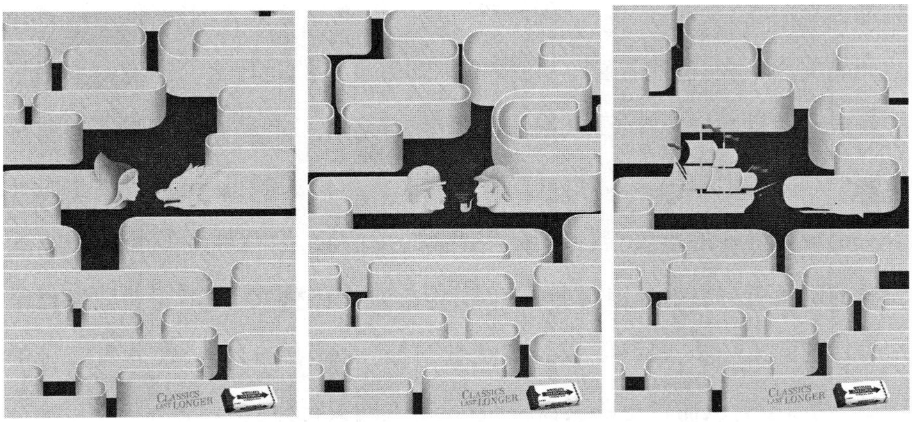

图 3-2　箭牌"经典更持久"系列小红帽篇、福尔摩斯篇、白鲸篇

三、ROI理论

ROI是一种实用的广告创意指南，是广告大师威廉·伯恩巴克创立的用于广告策略制定的独特概念主张。其基本要点是：

1.好的广告应具备三个基本特质：关联性（Relevance）、原创性（Originality）、震撼性（Impact）。

2.广告与商品没有关联性，就失去了意义；广告本身没有原创性，就欠缺吸引力和生命力；广告没有震撼性，就不会给消费者留下深刻印象。

3.同时实现“关联”“创新”和“震撼”是个高要求。针对消费者需要的“关联”并不难，有关联但点子新奇也容易办到。真正难的是，既要“关联”，又要“创新”和“震撼”。

4.实现ROI必须具体明确地解决以下几个问题，即广告的目的是什么？广告做给谁看？有什么竞争利益点可以做广告承诺和支持点？品牌有什么独特的个性？选择什么媒体合适以及受众的突破口或切入口在哪里？

从以上论述中我们可以看出，广告成功与否，首先是广告与所宣传的产品是否有关联。一些广告，广告创意人及广告主都觉得有创意，但与所宣传的产品关联不大，消费者看了后，根本不知道宣传的是什么。还有一些明星广告成了明星的宣传片，受众记住了明星，却忘掉了产品。特别是一些明星做多个产品的形象代言人时，其广告效果更差。除关联性外，原创性也是评价一则广告好坏的重要指标。从消费者的角度看，原创性的东西所带来的新异的刺激更容易引起消费者的注意，但一则好广告，引起消费者注意只是广告目的的第一步，最终要震撼消费者，引起消费者的兴趣，使其对宣传的产品产生好感，从而产生购买欲望，直至产生购买行为。

图3-3是BBDO为士力架创作的最新平面广告。我们看过“饿货林黛玉”“饿货唐僧”“饿货憨豆”还有“饿货华妃娘娘”，而这一次，士力架把“饿

货”瞄准了自己，告诉我们“You Are Not You When You Are Hungry”。Mars、Twix、Bounty，再加上士力架，玛氏的四大巧克力条齐聚于此，不过包装不对——“饥饿”的士力架干脆客串了自己的姊妹品牌，饿的时候，士力架都不是士力架了！

图 3-3　士力架饥饿系列平面广告（BBDO）

四、共鸣论

共鸣论主张在广告中述说目标对象珍贵的、难以忘怀的生活经历、人生体验和感受，以唤起并激发其内心深处的回忆，同时赋予品牌特定的内涵和象征意义，建立目标对象的移情联想，通过广告与生活经历的共鸣作用产生效果和震撼。

共鸣论最适合大众化的产品或服务，在拟定广告主题内容前，我们必须深入理解和掌握目标消费者心理，选择目标对象所奉行的生活方式进行模仿。运用共鸣论取得成功的关键是要构造一种能与目标对象所珍藏的经历相匹配的氛围或环境，使之能与目标对象或真实或想象的经历连接起来。

共鸣论主题内容侧重爱情、童年回忆、亲情等，建立在共鸣论基础上的优秀广告并不少见。如香港“铁时达”手表广告，“不在乎天长地久，只在乎曾经拥有”的广告词配以兵荒马乱战争年代的动人爱情场景，使消费者对该品牌产生强烈的共鸣。2001 年在全国各大电视媒体热播的雕牌系列广告中，下岗女工找工作及懂事女儿理解妈妈，帮妈妈干活的动人场景，配以“妈妈，我能帮您干活了”这一极煽情的话语，引起了目标消费者的情感共鸣。雕牌牙膏切入现今社会热点的单亲家庭，表现孩子对新妈妈的强烈抵触及新妈妈真情付出后，孩子的感动接受，结合“真情付出，心理交汇”的动人广告语，引起了广大消费者的共鸣。

2016 年里约奥运会前夕，宝洁公司推出了“你那么坚强，全是因为背后有她”的电视广告。广告诉求“母亲，是世界上最好的工作，也是世界上最伟大的角色扮演”，因为她们不仅给孩子带来了成长，还在生活里教会他们坚强。不同于四年前的伦敦奥运，妈妈不是陪着孩子在职业运动员的生涯里闯关练级，这一次，她的角色更渗透到了生活里，每一次的危险和灾难降临、每份失落和沮丧的不期而至，背后总有母亲温柔却充满神奇魔力的安慰，告诉你“That's Ok”。这样的话看似没什么稀奇，但或许我们中的大部分人，都是在这样的鼓励声中长大的，平凡的母亲因为我们而变得异常勇敢，而我们，也因为成长里点滴的母爱和付出渐渐学会坚强。

五、定位论

定位论是 20 世纪 70 年代由美国营销学者里斯和特劳特提出的。他们认为：“定位（Positioning）并不是要你对产品做些什么，定位是你对未来的潜在顾客心智所下的功夫，也就是把产品定位在未来潜在顾客的心中。”定位论主张在广告策略中运用一种新的沟通方法，创造更有效的传播效果。

1.广告的目标是使某一品牌、公司或产品在消费者心目中获得一个据点，一个认定的区域位置。

2.广告应将火力集中在一个狭窄的目标上，在消费者的心智上下功夫，要打造出一个心理的位置。

3.应该运用广告打造独有的位置，特别是“第一说法、第一事件、第一位置”。因为创造第一，才能在消费者心中形成难以忘怀的、不易混淆的优势印象。

4.广告表现出的差异性，并不是指出产品具体的、特殊的功能利益，而是要显示出品牌之间类的区别。

5.这样的定位一旦建立，无论何时何地，消费者只要产生相关的需求，首先就会自动地想到广告中的这种品牌、这家公司或产品，达到“先入为主”的效果。

定位论对营销的贡献超过了原来把它作为一种传播技巧的范畴，而演变为营销策略的一个基本步骤。著名营销专家科特勒如此解释定位：对公司的提供物和形象的策划行为，目的是使它在目标消费者的心智中占据一个独特的有价值的位置。科特勒把里斯和特劳特的定位归为“对现有产品的心理定位与再定位”。

常用的定位方法有：

1.首次定位。定位对象首次进入空白心智，定位对象心理第一次感知定位信息，要占得最先与最大。如农夫山泉第一个提出“有点甜”的产品特征，同时第一个采用特殊瓶盖设计。凭借这两个方面的首次定位，农夫山泉很快被消费者接受，迅速畅销。

2.关联定位。使定位对象与竞争对手发生关联，并确立与竞争对手相反或可比的定位概念，使宣传的品牌既与现有商品类别有关联，又有区别。日本一家厂商的经济型暖气机兼有中央暖气系统和石油或瓦斯暖气炉两种商品的特性。中央暖气系统费用高昂又不适合小房间，石油或瓦斯暖气炉有油烟味，经济型暖气机排除了两者的缺点。因此厂商决定采用与中央暖气系统形成关联的商品定位，并以“中央暖气系统新发现——小房间专用”为广告标题，获得了不俗的销售业绩。

3.单一位置定位。处于领导地位的企业不断开发新品牌来压制竞争者，因为每一个品牌都在其潜在顾客心理中占据了一个特定处所。宝洁公司为全球最大的洗涤化妆用品公司,为了保持其在中国洗发水市场上的绝对垄断地位,它针对不同的消费者不同的需求推出了飘柔、潘婷、海飞丝、沙宣、润妍等不同产品,以满足消费者个性化需求,保持宝洁公司在洗发水市场上的领导者地位。

4.扩大名称。领导者用更广的名称或增加其适用范围来保持其地位。很多药品在刚推向市场时,为了让消费者尽快接受,往往只是宣传一个重要的功能,但当其被消费者完全接受后,就会扩大宣传面,以巩固拓展消费群体。

5.类别品牌定位。当一个强大的品牌名称成了产品类别的代表时,公司新开发的产品就不能采用搭便车的做法,沿袭公司原有产品的名称,而是要重新命名。当"小天鹅"成了洗衣机的名牌产品,同时又成为消费者心目中洗衣机代名词的时候,小天鹅公司新开发的空调产品就没有沿用"小天鹅"商标,而是重新塑造了一个"波尔卡"品牌。

6.销售量定位。消费者喜欢买跟别人一样的东西,所以那些在同行中有较好销量的企业经常宣传自己的销量领先,以使消费者产生一种信任。如"民星饲料,国有饲料销量第一""波司登绒服,连续六年全国销量遥遥领先",美国山咖(Sanka)咖啡,"在美国我们是销售第三的咖啡"。

7.再定位。也叫重新定位,即打破事物在消费者心中所保持的原有位置与结构,使事物按照新的观念在消费者心中重新排位,以创造一个利于自己的新秩序。李奥·贝纳用牛仔形象为万宝路香烟重新定位,使原先一直销路不畅的女士香烟一跃成为全球第一品牌。大卫·奥格威的"戴眼罩的男人",使默默无闻116年的哈撒韦衬衫一下子走红美国。

六、品牌个性论

在品牌内涵的进一步挖掘方面,美国Grey广告公司提出了"品牌性格哲学论”,日本小林太三郎教授提出了“企业性格论”,从而形成了广告策划创意策略中的另一个后起的、充满生命力的新策略理论——品牌个性论。该理论在回答广告“说什么”的问题时,认为广告不只是“说利益”“说形象”,更要“说个性”。

随着市场竞争的日趋激烈,产品高度同质化,品牌成为商家重要的竞争手段。品牌是指用来识别特定商品和劳务的名称、术语、符号、图案以及它们的组合。借助于品牌,消费大众很容易把各类厂家的商品区别开来。个性属社会范畴,是许多学科研究的对象。学科视野不同,对个性概念的解释也不同。心理学认为,个性是由各种属性整合而成的相对稳定的独特的心理模式。品牌个性如同人的个性一样,它是通过品牌传播赋予品牌的一种心理特征,是品牌形象的内核,是特定品牌使用者个性的类化,是品牌利益关系者心中的情感附加值和特定的生活价值观。

1.品牌个性是特定品牌使用者个性的类化

当我们介绍一个人时,首先会用性别、年龄、收入或社会阶层来描述。同样,品牌通常也被认为是男性化的或女性化的、时髦的或过时的、每日工作的蓝领的或优雅的白领的。如在考虑有关零售商店的个性时,很可能感受到社会阶层的差异:一家在上海南京路上的大型商场比华联、大润发、沃尔玛、家乐福等连锁卖场明显具有更奢华的个性。除了商品的质量与价格外,这种商店的个性也通过设计、建筑、装潢、色彩、广告中使用的标志以及销售人员的服装来打造。实际上,正是这些组成部分使得任何服务企业的形象或个性“有形化”。

人们能用成百上千个形容词来描述彼此的个性特征,如我们将某些人描述为热情、愚蠢、心灵卑劣、有闯劲等。类似的,一个品牌的特点可以是冒险的、顽固的或是易兴奋且有些粗俗的。詹妮弗·艾柯提出了五个品牌个性因素,即“真诚”“兴奋”“能力”“复杂性”和“单纯性”。如“海尔”能让人立即联想到活泼可爱的海尔兄弟,体会到“真诚到永远”;麦当劳总令人联系起这些特色:以年轻人或小孩为主的顾客群,开心的感受、优质的服务、金黄色的拱门标志、快节奏的生活方式,乃至炸薯条的气味;万宝路香烟则让人想起西部牛仔的豪放形象。

2.品牌个性是其利益关系者心中的情感附加值

品牌个性具有强烈的感染力,能够抓住消费者及潜在消费者的兴趣,不断保持情感的转换。一方面,品牌个性蕴含着其利益关系者心中对品牌的情感附加值,正如我们可以认为某人(或某一品牌)具有冒险性并且容易让人兴奋一样,我们也会将这个人(或品牌)与激动、兴奋或开心的情感联系起来。另一方面,购买或消费某些品牌的行为可能带有与其相联系的感受或情感,如喝喜力啤酒表达了一种豁达,“Green Your Heart”;穿红豆牌衬衣产生相思的情绪;戴比尔斯钻石代表着爱情,代表着坚贞,就如其广告语“钻石恒久远,一颗永流传”等。

3.品牌个性是特定生活价值观的体现

价值观可以表现为令人兴奋的生活追求,对自尊的追求,对自我表现的要求等。每个人都将不同的价值观作为自己生活的中心:一个人可能高度评价娱乐和刺激,另一个也许更关心自我表现或安全。具有独特个性的品牌,可以与某一特定价值观建立强有力的联系,并强烈吸引那些认为该价值观很重要的消费者。例如,“金利来——男人的世界”,就容易被成功或渴望成功的人所认同。曾经的“爱立信”品牌一直沿用广告语“一切尽在掌握”,目的是唤起消费者接受生活挑战、把握机遇、开拓进取的情感联想。这些联想正好迎合了消费者渴望成功的心理,足以触发购买动机。

H&M 在消费者心目中是一个高淘汰率的快时尚品牌,许多消费者可能买了当季的 H&M,过季即会替换掉。基于这种不太环保但对企业来说却绝对利好的消费习惯,H&M 自 2013 年发起了旧衣物收集计划,三年来共计从全世界客户那里回收了 2.5 万吨旧衣物,相当于在三年内收集了 1.25 亿件 T

恤衫。2016 年 H&M 更将此品牌公关活动升级为“世界旧衣回收周”,4 月 18 日到 24 日的一周时间内,H&M 计划在全球范围内征收超过 1 000 吨的废旧衣物。H&M 超过 3 600 家门店在显眼位置张贴了活动海报,同时还进行了大规模的网络推广,诉求“每回收一件 T 恤可以节省 2 100 升水”的理念。活动期间,H&M 还推出 2016 环保自觉行动限量系列,该系列服装全部采用回收衣物制作。活动期间,H&M 在北京三里屯太古里南区的广场上举办了 2016 环保自觉行动限量系列的展览,不仅展示最新的服装系列,还设有巨大的旧衣回收箱。作为话题制造高手,H&M 更是邀请英国艺术家 M.I.A 创作了一首活动主题曲 *Rewear It*。在歌曲 MV 的拍摄过程中,H&M 找来了在全球各地具有极高影响力的名人来号召消费者们重拾旧衣。H&M 方面宣称,将努力打造一个可持续的时尚未来,这意味着 H&M 想打造一个密闭的时尚循环,可将旧衣物转变成新服装,而不必用到额外的原料。

图 3-4　H&M“世界旧衣回收周”活动

第二节　广告创意的方法

广告创意的本质是新旧的结合,是旧有事物的新组合。在这个过程中,新的体现在于组合的方法,而人的思维方式是决定组合方法是否创新的关键。广告创意实际上就是创造性思维的运用过程。广告创意将逻辑思维与直觉思维紧密结合起来,先深入研究对象的具体细节,形成关于对象的理性认识,运用意识与无意识的活动能力,充分发挥直觉、想象的作用,对已有的理性认识作进一步的分解组合,求得新的发现。最后,广告创意还需要运用逻辑思维的能力对发现的新形象、新内容加以验证和扩展。在创意思维中,各种思维能力是互相联系、共同作用的,那么广告创作是如何调动我们的创造性思维,产生好的创意呢?

一、启发构思的方法

启发构思是由周围环境中的事物、现象引发,产生灵感、创意的过程,许多杰出的科学发明创造都与此有密切的关系。在这种方法中,个人的经历对于产生新的主意、点子十分重要。所以许多科学家、发明家在进行科学研究和技术发明之余,常常要外出领略一下自然景观,也许就可能从中获得灵感。

在广告实践中,启发构思法的运用并不难看到。最典型的一个例子就是大卫·奥格威的哈撒韦衬衫广告创作。在构思哈撒韦衬衫广告时,奥格威曾想出好几个创意,但是没有一个让自己感到满意。有一次他在摄影棚里偶然看到一个黑色的眼罩,后来便产生了闻名广告界的"黑眼罩男人"的广告创意。在现代电视广告中,许多用象征性、借喻式或暗示性表现手法创作的广告作品都是启发构思的产物。

二、顿悟的方法

顿悟构思法源于心理学关于思维的研究。第二次世界大战期间,德国心理学家柯勒研究黑猩猩的思维活动时设置了如下的情境:在一间房间中央的天花板上吊着一串香蕉,黑猩猩站在地面上拿不到。房间的四周放着一些箱子。面对这样的情境,黑猩猩开始企图采用跳跃的方式获取香蕉,但是没有达到目的。于是它不再跳，而是在房间内走来走去。突然它站在箱子前面不动，过一会儿，它把箱子挪到香蕉下面，爬到箱子上取到了香蕉。有时一个箱子不够高，它还能把两个或几个箱子叠起来，这就是所谓的“顿悟”。后来许多心理学家发现，尽管人类比黑猩猩进化到更高的层次，但在人类的思维活动中，顿悟现象依然存在。

顿悟构思法的特点是创作者对问题情境有了足够的认识，具体而言就是创作者对产品特点、产品定位以及广告活动所欲达到的目的有了清楚的认识，但一时难以形成一个主意或点子。在一段时间里，创作者似乎束手无策，但度过一段瓶颈期后，创作者会忽然感到什么都已清楚明晰。以 2001 年一则获奖的绿色公益广告为例，据说广告创作者在进行广告创意时，曾冥思苦想多日仍想不出一个好点子。后来有一天中午，全公司的人都吃完了快餐，桌上只留一份是作者的，作者看到桌上的快餐盒恰似一个棺材，顿时眼前一亮有了想法。后来作者把两双筷子左右一插，创作出了《地球之丧》，并沿着这条线用方便面的碗和筷子作素材创作了《地球之殇》和《地球之墓》系列广告。

三、水平思考的方法

水平思考法又叫侧向思考法，是英国心理学家爱德华·德博诺提出的一种创造方法。他认为我们平时的思维方式偏重于已往的经验和模式，受到思维定式的影响，跳不出老框框①。所谓思维定式是人在思考时心理的一种准备状态，它影响解决问题时的倾向性。思维定式常会影响思维的变通。例如这样一个问题：小李进房间后，没有开灯就找到了放在桌子上的黑手套。这是为什么？通常情况下，当听到“没有开灯”时我们会有一种倾向，认为这是在晚上发生的事，因为晚上和灯之间有一种符合常规的固定联系。

---

① 爱德华·德博诺.水平思考法[M].冯杨，译.太原：山西人民出版社，2008：86-87.

在解决这个问题时，由于“没有开灯”暗示你进入一种习惯性的思维中，使你的思维朝着“在晚上如何照明找物”这一方向去思考。这种遵循已有的经验，按常规思考的方式，德博诺把它称为垂直式思考。而如果突破一贯的思考方向，不受定式的影响，不认为这事发生在晚上，而是白天，那么问题就迎刃而解了。这种不受常规约束，摆脱旧经验、旧意识的思考方式被德博诺称为水平式思考。

显而易见，水平式思考法更能创造出新的观念，在使用这种方法时要遵循如下几个原则：一是摆脱旧意识与旧经验，破除思维定式，更好地体现发散思维的特点。二是找出占主导地位的关键点，例如前面的例子中，关键点是“找手套”，而不是“如何照明”。三是进行全方位的思考，大胆革新，找出有关问题的新见解。四是抓住头脑中的“一闪念”，深入把握新观点。

水平式思考法能够产生有创见的想法，因而是广告创意时常用的思维方法，然而水平式思考并不是排除垂直式思考，二者常常互为补充，取长补短。

四、逆向思考的方法

逆向思考法又称反向思考法，是一种向常规思路反向扩张构思的方法。实际上，这种思维方向应包括在水平式思考法之中。由于利用这种思路常常能较为直接地解决问题，且相对更易掌握，因而特意提出来。

运用逆向思考法时，需掌握两个要点。一是这种反常思维的传达应恰当，语言要实在且幽默，如“杉杉西服，不要太潇洒”。二是应用逆向思考必须以消费者能认同为条件。例如，伦敦最大的书店布莱维尔要做一个以“在此书店购物舒适自由”为主题的广告，想从反向去构思，但不知“服务不必过于周到”是否符合消费者的需要。创意人员调查发现，在一片服务至上的宣传中，消费者有这样的反应：有时想去商店看看，并不一定要买，由于服务员紧跟在身边，热情地介绍商品和服务，反而令人感到烦琐，或感到不买东西没有面子，或使人感到像被监视。所以有时不买东西就不去商店。实际上，商店希望顾客常来光临，虽然当时不买，但会成为潜在的顾客。这种调查的结果刚好与反向思考的结论相符合，因而布莱维尔书店在广告中大胆应用反向思考的构思，其文案为："当你光临布莱维尔书店的时候，没有一个人会问您要买什么。您可以信步所至，随便阅读，放心浏览。店员只在您需要的时候才为您效劳。您不招呼，他们决不打扰。无论您来买书或来浏览均欢迎。这就是布莱维尔书店一百多年来的传统。"

五、头脑风暴法

由美国创造学家 A · F.奥斯本首创，后来不断延续改进。对于广告创意来说，头脑风暴法具体的做法是，召开一个 10～15 人的小型会议，会议的内容提前一到两天通知参与人，会议的参加者包括广告业务人员、广告创作人员等。参加者在结构因素上（年龄结构、专业结构、性别结构、能力结构、性格结构、知识经验结构等）具有合理的搭配，能够取长补短、有机结合，会议成员须忘记自己的职务，人人平等，畅所欲言，通过相互激励，相互诱发产生思考的连锁反应，充分激发每个人的创造力，从而产生更多的创意。运用这种方法要遵循以下的原则：

1.会上禁止批评和反驳别人的创意，保持良好的创造气氛。

2.对创意的质量不加限制，而要求创意的数量越多越好。参与者可自由联想，任意发散，毫无限制地发表见解。

3.可以利用别人的创意激发自己的联想，组合产生新创意。这种动脑会议因为具备集体创造的人员结构和创造气氛，更能发挥每个人的创造力，在相互启发中扩展思维的变通性，使之产生 1+1>2 的合力效果。

在动脑会议之后，由会议记录员将创意记录整理，会议主席将这些创意分类,再让有关人员评定,并按销售策略,取其精华,作为进行下一步创意的基础,最终产生实际执行操作的广告创意。这是一种行之有效的集体创作的方法。

第三节　当代广告创意的趋势

20 世纪 80 年代末 90 年代初是世界广告业飞速发展的时期,在这一时期,广告业同世界经济政治环境的关系愈加密切,从而表现出强烈的时代特性,并引领世界广告进入当代阶段。何辉认为,当代世界广告具有几个方面的明显特征。① 一是世界广告业与世界政治、经济环境一体化情况突出,广告行业受整体环境影响越来越大。进入当代广告后,突发政治事件、军事事件、经济事件和社会事件都会影响到一个区域甚至全球的广告业生态系统,导致后者出现较大的或好或坏的波动,广告行业连同社会、经济、文化越来越像一个系统在运作。二是当代广告活动明显加强了对消费者的研究,表现为广告中目标营销活动增加,而新技术则成为目标营销活动的坚强后盾和实施保障。利基市场的追求体现在广告设计和广告媒体的选择上,不仅仅看重媒体的传播范围有多广,更看重媒体能否直击目标消费者内心,让这部分消费者体会到独享感和尊荣感。三是当代世界广告出现集中化和集团化经营的新潮流,跨国广告集团或传媒集团不断成立并掀起兼并与收购浪潮。集团化经营迎合了跨国公司广告主进行全球化广告活动与产业经营的趋势,同时也有利于迅速占领全球出现的新的消费市场与广告市场,并有利于先进广告管理理念的全球化普及。但集团化广告公司也带来了创意模式化、价值观念同一化等创意的弊端,这对广告设计与创意来讲并不是件好事。因为不同市场的价值观念和文化习惯并没有达到协调一致的统一,多

---

① 何辉.当代广告学教程[M].北京:北京广播学院出版社,2004:3-6.

元化依然是世界的主流。

当代世界广告业的现状无疑是当代广告创意与文案的基础和重大影响因素。在前者的决定和影响下,当代广告创意与文案创作在如下几个方面表现出了鲜明的自我特性,这也是当代广告在新环境下面临的多重矛盾,这些矛盾的协调统一正体现了当代广告的生存境态。

一、当代广告创意面临更大的艺术影响与技术革命

从艺术角度讲,广告活动从一开始就同艺术活动紧密联系在一起,在20世纪20年代中期,许多广告在视觉表现方面利用了当时新兴的立体派与超现实主义的艺术风格。超现实主义者期望通过他们的作品释放潜意识里的图像,萨尔瓦多·达利、马尔塞尔·杜尚、马克斯·恩斯特以及曼·雷(Man Ray)等超现实主义艺术家纷纷相信,将与之相关联的事物去掉并将不相干的东西放在一起,会对受众产生瞬间的冲击,这会有助于内在思想的深度释放。发展至21世纪,这种视觉传达语言仍旧被继续运用于当代广告创意设计中。广告创意活动更是同许多现代艺术流派相互影响,超现实主义的思想被列入到任何一个想获得成功的广告策划中,从这个角度讲,它们的影响已经渗透到了广告活动的主流视界之中。

另外,未来主义、达达主义、风格派、构成主义以及现代主义、后现代主义等也都在对今天的广告创意产生着深远的影响。以当代设计中的现代主义与后现代主义为例,现代主义与后现代主义作为艺术设计领域中的两个潮流,在艺术设计历史中占有重要的地位。在广告创意与设计领域中同样也存在这两种艺术设计流派的并列与融合。现代广告创意与设计是工业社会时代普遍的广告传播形式,它遵循现代主义的审美原则,注重表达的规范性、虚实的连贯性和逻辑的合理性。后现代广告创意与设计则不同,大多强调广告设计的意识形态作用,善于把商品、特质精神、文化观念等加以解构,

改变现代广告创意设计的风格,往往表现为晦涩的表达、冷傲的形象、模糊的意旨;或以荒诞、戏谑、嘲讽、自虐的形式表现,或以漂亮的面目呈现,手法怪异、内容模糊、主题反叛;它有着强烈的否定与破坏色彩,重视解构而轻视建构。后现代广告创意设计实践完全印证了后现代艺术平面感与深度模式削平、断裂感与历史意识消失、零散化与主体消失以及复制性距离感消失的审美特征。后现代广告设计遵循浪潮化的时髦运作程序,采用大批量复制的传播手段,平面拼贴化的艺术制作方式,来达到广告设计的目的,实现广泛的经济与社会效益。在这方面,作为台湾广告后现代主义设计旗帜的意识形态广告公司表现得最为彻底,该公司创意总监许舜英设计和创作了大量带有强烈后现代主义风格的广告作品,并持续繁荣十几年,横扫华文广告界各项大奖,名噪一时。

但是我们也应该清醒地认识到艺术活动同广告创意毕竟不同。前者是纯粹的无功利的欣赏活动,而后者却具有强烈的传达商品信息的功利目的。虽然这之间的界限正在淡化。但无论如何,当一种现代艺术手段过多地被使用到广告设计中来,被当作一种常规手段跟风、模仿和抄袭时,曾经的信息传播的轰动效果将不复存在。后现代主义在广告设计中的风行就是如此。所以当许舜英的创意文案表现手法被夸大地赞扬和推崇,以致大量作品跟风模仿和抄袭时,这种流于形式的直白和语言技巧的卖弄最终昙花一现,转瞬即逝了。当然,我们也不能否定在面对大量创意作品的贫乏仿制的局面下,后现代主义的广告创作还是为我们带来了一丝清新的空气。

实际上,从广告设计人员的专业出身来说,当代广告创意设计与文案创作也越来越同艺术表现融为一体了。从事广告视觉传达艺术设计的人员,包括美术指导、平面设计师、插图画家、摄影师以及设计制作人员都有过艺术或者美术教育的经历,甚至都有过纯粹艺术创作的经历。何洁认为,现代艺术和具有实用传播功能的视觉传达设计之间的界限日益淡化。广告视觉传达的表现方式也通常是当今艺术家们的选择,艺术家们的艺术行为在一定程度上具有很强的广告性。今天的艺术世界已经不再是昔日的象牙塔，它越来越走向世俗、走向大众，它在寻求着与社会结合的最佳方式，而广告恰恰满足了它的需要。广告信息传播在其视觉表现方面，更加强调流行艺术的因素，而流行艺术对于大众群体往往能起到一种文化上的引导和启迪作用。①

从技术角度来看，在影响当代广告创意设计的所有技术因素中，数码技术与互联网无疑最受人关注。而当代广告创意设计是以20世纪80年代数字化媒体的诞生为起点的，高科技不断为社会各行业的持续发展开拓空间。在广告活动中，技术革命的意义主要体现在材料、产品以及技术手段的影响上。在当代广告活动中各种新型材料纷纷得到展现机会。使用高科技生产的纸、颜料、金属、塑料、玻璃等，使现代城市、村镇布满了创意独特、主题鲜明、色彩和谐的广告牌。而高科技的通讯、印刷、电脑、数字电视电影、电子屏幕、摄影、摄像等产品及其技术，更大大提高了广告设计的科技水准。如电脑操作的彩色喷绘技术使广告作品的画幅加大，形象更具真切感。各种先进的电脑设备及其相关软件在广告活动中更是大显身手。广告创意工作者运用电脑及其相关软件设计出二维、三维动画等高科技、多媒体广告作品，其传播速度迅速快捷，图形准确、真切，效果更好。

同时，在当代广告创作中，数字化新媒体的地位也越来越重要，网络技术与网络广告，数字电影与电视广告，多媒体互动广告等新一代的广告视觉传播方式和媒介手段相继成为当代广告最亮丽的元素。这也是新媒体不断挑战传统广告传播形式，不断扩展当代视觉传达设计外延，让广告视觉传达成为一种能够自如地融合多种学科载体的过程。当代广告创作由以往媒体形态上的单一化、平面化和静态化走向丰富化、立体化和动态化，多媒体广告方式成为当代广告创作的主流。

21世纪是数字时代，电脑合成、CG技术已近鬼斧神工的化境，并为我们

① 何洁，詹凯.新形势下的新挑战——中国广告视觉传达的趋势[J].装饰，2003(3)：8-9.

带来更多天马行空的画面。广告视觉传达不断运用高科技及新媒体,为广告视觉传达设计提供了不断思考、想象和创作的空间,使设计者随心所欲地将不可能的生活现实,变为有可能实现的艺术视觉语言。毫无疑问,广告视觉传达将会在不断运用高科技及新媒体中得到发展。但高科技和数码技术也是双刃剑。这把双刃剑一方面体现为数码技术在为广告创作提供更为广阔的视野与基础条件的同时也造成广告创意人员的技术依赖性和唯新技术、唯新媒体的不良倾向,使数码技术成为设计手段的数字化"枷锁"。当代广告设计由于对电脑的过分依赖已经出现弱化手绘能力的趋向,数字表现形式的雷同和单纯技巧的玩弄让消费者的视觉神经感觉疲惫。因此在数字科技的阴影之下,当代广告创意设计还务必要保持有益的社会文化传统,使设计师能在科技的枷锁下实现完美的"戴着镣铐跳舞"。双刃剑的另一个体现是,从广告参与人员角度讲,数码技术既方便了广告人,也方便了广告客户。后者借此显得专业性越来越强,并对广告创意人的作品更加挑剔。总而言之,各种社会环境的急剧变化,再加上广告费用预算收紧,客户对于大胆创意的接受程度普遍谨慎起来,对于现今广告创意人员来说,这一切都是更严峻的考验和挑战。

二、广告创意人员强烈的自我意识让位于激烈的市场竞争

当代广告业中,广告创意人员自我艺术观念与市场理念的并立与融合愈加突出。在处理这个问题时,广告从业者倾向于在二者之间寻找最佳的位置,总体趋势是前者让位于后者。

市场理念与广告观念对于当代广告创意的绝对影响愈加重要,这源于当代市场竞争的激烈程度。尤其是 20 世纪 90 年代以来,中国市场显示出了前所未有的新局面。激烈的市场竞争不仅体现在国内企业和产品之间,也体现在本土企业与国外企业的竞争当中。由于中国市场有着巨大潜力和广

阔前景，一大批国际著名品牌在中国相继加大广告投入。对企业来说，广告推广的目的只有一个，那就是提高产品销售量，树立良好的品牌形象，产生更大的品牌效应。这便要求广告创意人员在进行广告创作与开展促销活动时，以广告主和产品为出发点，遵循广告所服务产品的形象推广和市场利益需求的根本原则。这相应地会产生另一个问题，到底我们的广告创意与广告风格是以设计师个人特点为原则，还是以市场要求为旨归呢？

当代广告创意显然正面临着这样的艰难选择，只是这里的个人特点不是如纯艺术创作那样完全源自自身的精神创作，我们更愿意将其看作是创意至上的设计师意愿，其对立面就是唯市场和信息传达的应对激烈商品竞争的策略选择。在广告创意过程中，灵感的神秘性被一步步剥离，人们越来越倾向于广告创意是在对于产品、消费者、市场充分了解基础上的沉淀和爆发。

在广告创意与设计过程中，创意人员越来越注意对消费者心理的分析。当代市场经济体系早已由卖方市场转向了买方市场，消费者的生活观念的变化远远超出了设计师所能把握的。消费者的生活观念和心理状态在生存环境及社会变革的进程中不断变化，而这种变化又直接影响着消费者对广告信息的认知程度。因此，广告创意活动的方向不是设计师的个人意识和观念，而是应从消费者的角度出发，在准确把握其消费心理的情况下，为其塑造出美好的消费心理镜像。消费者是广告的受众，是潜在的购买群体与消费群体，为消费者提供所需要的商品信息是广告创意设计的起始点和中心原则。所以我们在前面提到，广告创意作为广告运作过程的一个基本环节，是广告活动整体系统的一部分，广告创意设计活动的成功离不开前期对于产品、市场、消费者的深入细致分析和透彻明晰了解。在广告创意过程中，有一种创意方法和手段叫“消费者描述”，即用最具体化的语言详细描述目标消费人群中某一典型角色，通过细致描述确定消费者基本性格特征和行为方式，以保证广告创意与设计活动的目的明确、方向正确。很显然，这些活动都不是设计师个人闭门造车可以解决的。

当代广告创意活动对于激烈市场竞争的应对方式是深入了解消费者需求特征,但这种需求也是有层次的。马斯洛的需求层次理论认为人在成长和同环境搏斗过程中,需求层次会从基本物质需求向高层的爱、归宿以及自我实现需求过渡。相应的,当代广告创意的态度与方向已经不仅仅是产品在功能、属性上满足消费者的需求,而是更多地关注个体心理层面上的需求,产品能否满足消费者精神上的需求。当代消费者在重视商品功能的同时,更重视商品功能的延伸,这种对商品功能深层次的需求才是消费者心理的真实写照。

当代消费特征从量的消费到质的消费,最后过渡到情感消费和个性消费,消费者的需求也随着不断突出的个性化而变得愈加多样和复杂。为了适应不同消费群体的各自消费特点和需求,当代广告创意的表现形式也变得更加繁复、多样和情感化,比如对新潮、时尚的感悟,对潇洒、浪漫、气质非凡的推崇,对张扬个性、追求自我、享受人生的情绪描绘。这些策略方式的选择都基于消费者立场而不是设计师立场。

为了应对激烈的市场竞争,广告创意与设计人员对于消费者分析与了解的程度不断加深。相应的,当代广告创意中对于消费者需求了解的途径也在不断变革。2006 年,日本电通公司正式为该公司创立的“AISAS”消费者行为模式注册版权。“AISAS”代表了消费者 Attention——Interesting——Search——Action——Share 的消费行为过程,这是美国人荷尔所提出的 AIDMA 法则的变异和在新媒体环境下的提升。日本人认为消费者在Web2.0的新媒体环境下,网络化生存成为一种新的生活与消费状态。产生消费需求与兴趣的下一步不是在欲望的驱使下记忆广告,而是到无尽的网络海洋中搜寻信息,并在实际的购买行为发生后,去发布使用感受,表达满意或者不满,继续为后来的消费者与消费行为补充和分享信息。针对 AISAS 的消费行为,电通公司还提出了 CGM,即消费者参与媒体的概念,那些立足于网络环境下的被消费者用来发布和分享使用后的商品信息的媒体都成为我们在广告创意与设计前进行调查和消费者分析的重要资料来源和手段，比如博客、讨论区、维客等。通过对 CGM 系统中收集到的信息的分析、总结和反馈，广告业者可以掌握消费者动向，把握消费者内心真实想法，保证广告创意的正确方向。

设计师本位还是消费者本位，这在当代广告创意中似乎可以演化出艺术本位还是产品本位的问题。出身不同，观念自然不同。受过系统广告教育的设计人员多秉持广告为商业活动的原则，强调广告创意以产品理念为中心，艺术形式和表现样式是附属于商业原则之下的表面和装饰。自艺术与设计实践中走来的广告创意人员更希望在理性得毫无温暖的市场原则里透出更多的感动和震撼。当代的广告创意就是在这两股理想的影响下尴尬地生存了许久。幸运的是，正确的方向似乎已经被寻到。我们看到，更多的广告创意站在受众的角度上，利用精彩与动人的艺术表现，给受众以丰富的联想，并引导受众的消费品位和观念，使其从物质消费需求升华至精神层面的消费欲望。总之，在广告信息媒体呈多元化趋势的今天，广告创意更应零距离地面对受众，加深彼此的沟通和理解，使广告创意设计从深层次的心理层面感动消费者。这是艺术设计走向民众、走向社会的需要，也是广告创意设计服务商品信息传播的需要，同时，更是致力于广告业振兴、营造良好广告市场发展前景的需要。

三、当代广告创意中产品特点导向与品牌设计导向的融合

在 20 世纪 60 年代的美国创意革命浪潮中，有几种理念极具代表性。一是以 USP 理论为代表的产品特征派，强调以产品的独特优势和特点来吸引和打动消费者，促进购买行为，并在竞争对手之上占领一个显著的位置，之后 70 年代的定位理论也是在此基础上的延伸和概括。另一个是以奥格威为

代表的品牌形象派,这是迎合了产品同质化发展趋势和激烈市场竞争而产生的立足于产品之间物质特点相似而形象感觉不同的广告创意理念。如果前一理论我们称之为硬推销,后一观念则是软推销。当代广告创意虽然已无法简单地对创意观念做如此机械和教条的划分,USP 理论的鼻祖里夫斯创立的 DDB 公司也已将独特的销售特征转化为独特的品牌个性特征,但在广告创意中以产品特点为导向还是以品牌设计为旨归的操作争论仍在。

以产品为导向是当代广告创意的基本方式和创作方向。在广告活动中,准确地认识产品的特点,然后以艺术的手法表现产品的优点,对提升广告的效果至关重要。产品是绝大多数广告的主角。在广告创意中,如何准确地传递产品的信息,突出产品主体,始终是广告创意的重点和难题。而产品在市场中是一个由外观、质地、颜色、功能、包装、价格等组成的"多面体",在广告中,表现产品的哪些特点与优点,并不取决于设计师的个人喜好,而直接取决于构成市场主体的消费者的意愿以及厂家的想法。广告创意更多地是以表现产品与消费者之间的直接关系为重心,在产品与消费者的关联中,将产品的特点凸显为产品的优点。这种表现产品与消费者的直接关联的原则即为产品导向。

当代广告创意中,以产品为创意导向有很多优势。何鹄志认为,产品导向可以揭示广告创意表现对象的本质,即在做具体的表现时,虽然表现对象是特定和具体的,但设计并不能仅仅关注产品本身,或者说,只在画面上对产品进行"唯美的设计",而是根据产品与消费者的关联来表现产品,塑造产品的个性,从创意、构图、用色、字体等诸方面充分展示消费者对产品的"关心点"和产品提供给消费者的"利益点"。另外,产品导向还提示了广告创意的思考方向。在广告作业流程中,广告创意人员的职责是准确地表现产品,塑造产品的个性。如果广告创意人员在表现产品的过程中能够充分地把握其表现对象的"产品氛围",无疑对他全面地认识和思考产品,准确地表现产品,塑造产品的个性具有重要的意义。再者,产品导向构建了一个广告表现的评判标准。一般我们可从“像不像”和“好不好”两个层面判断一件平面广告作品是否准确地表现了产品,这两个层面都符合产品导向原则。一件优秀的平面广告作品必定在设计表现过程中准确而富有创造性地解决了产品物质特点表现的问题。①

但是,在激烈的产品竞争环境下,随着产品同质的白热化,产品导向必然存在着巨大的局限性,即关注局部特点,忽视整体品牌形象构建。这也是广告设计师同广告策划人员在确定广告创意时的分歧点。当下的情况可能是,单支或单幅广告作品无比震撼人心,而较长时间内的广告创意却缺乏统一的品牌核心一以贯之,它们各自为战,无法拱卫品牌形象。已故本土广告设计师张小平曾以李宁某支广告片为例表达了中国广告创意的窘境。他说,中国广告设计存在“上位要百变”的误区,“在长城奖的评审中,李宁的系列影视广告给我留下了极为深刻的印象。不是说这些片子拍得不好,是好极了,评审们猜想,‘墨球篇’的后期可能都不是在亚洲制作的,制作费甚至可能超过 200 万。也不是说,品牌没有统一的方向,李宁品牌的中国风格在每一条广告片里都得到了充分的展示。令人奇怪的是,在一年之中,李宁居然炮制了如此之多风格各异的片子,那么品牌基本的认知谁看得出来？看得如此眼花缭乱,如何上位？形象百变的手法,对品牌的建树害大于利,还是属于救急销售的权宜之计？”②

当代广告创意中,以产品特点为取向的广告不外乎三种诉求方式:诉求产品特点,即以一种产品特点作为推销重点进行理性诉求;独特的卖点,即推销该产品特有的一种实惠;定位,即确立清晰、理想的市场地位。相比以产品为取向的理性硬推销,当代广告创意中以品牌形象为取向的立足消费者的软推销广告更得人心。这里既包括展现品牌个性的广告,也包括生活方式广告和态度广告。奥格威说过,形象即个性。产品和人一样,是有个性

① 何鹄志. 论平面广告设计中的产品氛围[J].装饰,2006(6):130.
② 毛旭林. 平面设计师张小平访谈录[J].装饰,2006(12):46-49.

的。个性有助于产品成功，也可能导致产品失败。一种产品的个性是由许多因素综合而成的：品名、包装、价格、广告风格，最重要的是产品本身的品质。每一个广告都对品牌形象有所贡献，因此你的广告应该前后一致、年复一年地塑造同一形象。全球各大知名品牌每年的广告力作几乎都是以形象广告打天下，尤其是当推广产品同其他同类产品的竞争难分高下，而产品又是消费者每日不可或缺的时候，品牌个性广告就更常见了。生活方式广告与态度广告虽然不直接诉求品牌的个性问题，但它们通过描绘消费者的心理状态，向观众展示一种离不开该产品的理想的生存境况。其实这也是一种立足形象的广告创意方式。

当然，在当代以广告来树立品牌形象也存在一些误区。我们知道，企业通过广告树立品牌形象的过程中有两个可控因素和一个不可控因素。可控因素一是媒体选择，二是广告预算。而不可控因素是广告质量，包括广告创意和广告制作，因为这些是由广告公司的水平决定的。在这种情况下，有人提出要树立强大的品牌形象就必须做到“两大一高”，即大媒体、大投放和高水平。媒体大、品牌形象就大；投放大，品牌形象就强；水平高，品牌形象就好。这种观点的粗暴应用是在广告主的一厢情愿下，大量粗制滥造的广告选择大媒体进行了大预算投放，如此的广告活动伤害了广告公司、媒体和广告主，更伤害了消费者。

当代广告创意注重从形象确立入手进行广告创意和表现，并离不开对于产品本身特点的挖掘和分析，更高层面的形象树立必须有坚实的产品物质基础。如果产品本身没有优良的品质，良好的产品形象、独特的品牌个性是无论如何也不能深入消费者内心的。在当代广告运作中，品牌形象的塑造也不独是广告创意的任务，产品设计、包装设计、促销设计、活动营销乃至人员销售、事件公关等各个方面都在为树立独特而深入人心的品牌形象努力，当代广告创意更像是360度品牌塑造中的一环，当然是较为关键和影响力较大的一环。在广告创意的带动下，各方协调，共同致力于企业与产品品牌形象的塑造。

总而言之，以物质产品为导向还是以品牌形象为导向，在当代广告创意中都合理地存在着。广告创意中，产品导向是使用一切与产品有关的表现元素，准确传递产品信息，方便消费者认知产品，并表现产品与消费者的关联。然而深入了解和把握产品特点也是为了更好地塑造产品的品牌形象，因此二者的关系实质上是广告定位、广告创意与广告文化的关系，正确处理好这个问题就必定能圆满解决广告创意的理论问题和方向方法问题。当然，以品牌为中心的时代，也是检验广告从业人员尤其是创意人员的系统应用能力的时代。做创意，严格说也是创造自身品牌的过程，创意的真谛就是全身心地打造客户的形象，要抛弃自我的狭隘认识，进行真正忘我的品牌塑造和品牌服务。

四、当代广告创意的全球化理念与本土化执行

20 世纪 80 年代以来，全球广告业整合趋势出现，广告公司纷纷合并或兼并。如今全世界大部分广告公司都掌握在奥姆尼康、WPP、IPG 以及 Publics 等大型传媒集团手中，如隶属奥姆尼康的天联、李岱艾、恒美等，隶属 WPP 的奥美、智威汤逊、达彼思、扬罗比凯等，隶属 IPG 的麦肯、灵狮等，隶属 Publics 的盛世、李奥贝纳，还有日本的著名广告集团电通等。这些大型跨国广告集团和广告公司在全球各地设立了大量的分公司或分支机构，把控了全球绝大部分广告业务。这也造成全球广告创意在理念与方式上惊人的相似性。当代广告越来越讲求统一协作和全球理念。

当代广告创意的全球化理念不仅仅来自于广告创意机构的全球化运作和机构认同，更重要的是广告主的跨国市场和全球化广告与品牌形象的塑造。全球范围内，人们看到的可乐不是红白便是红蓝，无论你在地球的哪一端，耐克都是“Just do it”，阿迪达斯也在反复灌输“Impossible is nothing”，跨

国企业和跨国广告公司的世界性广告不断涌现。

世界性广告本身的目的是为广告主确立世界性的品牌形象。实际上，在新经济背景下，企业品牌形象建设比以前更加全球化了。通过创新技术，跨越国界的沟通已经变成现实，并且可以在全球范围内对消费行为和购买抉择产生直接影响。以互联网、光纤和数字电视为代表的新兴媒体可以在短时间内将有关信息传遍全球，这也为广告主提供了一个可以在全球范围内使用广告策略的机会。对于广告代理机构来说，可以通过全球性广告创意分支机构掌控所有广告创意作品的价值取向和创意概念，达到展现广告主全球品牌理念的目的。同时，还可以通过全球性手段对媒体购买和策划进行集中式管理，以降低广告的制作成本并提高整体的媒体购买力。当代的世界性广告都建立在这样一个基础之上：品牌创建了一个统一的声音，并以此来搭载所欲传达的品牌价值的共同信息，而这个统一的声音顺畅地被世界各地不同的文化所认同。全球性的广告客户通过情感上的感染力来触动消费者的内心和意识，从而构建一种超越地理和语言限制的对其品牌的统一认知。

世界著名品牌万事达卡以“万事皆可达，唯有情无价”为主题，在全世界98个国家以47种语言推出真情无价的广告创意片。把真情无价的统一理念传递给消费者，内容展现了对友情、信仰以及对种族、生活方式的尊重。国外拍好的广告片，加上本地的配音，就能引起所有消费者的心灵共鸣，这就是国际化创意的力量。这使我们想起，早几年中国的广告在国际比赛上一直未能取得令人满意的成绩，当时国内的广告人指责主办方和评审们不懂中国的文化，在评审时中国的参赛广告失去好多机会，而主办方给中国广告人的回答是“创意是世界性的语言”。当代广告创意确是如此，在语言、文化等固有限制下，全球化品牌的创立靠的是全球通用的精到创意与表现。

但我们也不能否认，在当代广告创意中，全球化品牌广告在面对多样的文化生态、价值观念和道德体系时，有时也会力不从心。2007年在我国主要电视媒体播放的旁氏“七日寻回真爱”广告连续剧创意不可谓不精彩、执行不可谓不完美，但依然让中国观众很不舒服。这支具有全球化理念，在泰国拍摄的电视广告片表现的是所有人都能欣然接受的俊男靓女、唯美画面以及团圆结局，但讲述的却是一个男人喜新厌旧、女人靠白皙皮肤夺回爱人的故事。有人评价说，故事中充斥着美貌、金钱、周而复始的变心，这使广告背上了推崇拜金主义、浅薄势利的骂名。显然全球化的创意理念未必完全契合本土化的道德准则。于是，全球化理念加本土化创意执行就成了当代广告创意活动中众多品牌的新选择。

讲到本土化，不得不提到民族化的问题。民族化指的是在长期历史发展过程中形成的自己民族艺术与审美的独特文化传统。“民族化也可以理解为民族风格与民族气派的表现，民族化是个动态的过程，在设计文化的交流、碰撞中，每个民族的设计文化都面临着选择、吸收和整合。”[①]当代广告创意中一些广告作品之所以如此优秀，往往与其恰到好处地运用传统文化手段与文化元素分不开。许多跨国品牌在广告创意过程中主动或被动向广告发布地区的物质与精神文化传统靠拢，其作品既体现了现代广告创意的观念与时尚，又折射出当地不同的历史文化特征和审美取向，显示出民族文化与现代广告创意紧密结合的艺术魅力。本土化不单单指吸取本土艺术文化传统，更包括在广告创意过程中对于本地消费人群特有消费习惯和消费行为的深刻洞察与体悟。Tang 果珍在美国作为橘汁的代用品销售情况较好；然而法国人在早餐时并不喝橘汁，广告概念就得重新思考，把它作为新鲜饮料进行传播。普甘公司在巴西推销汰渍洗衣粉时，在广告中没有采用其他地区所强调的洗衣粉“增白”这一主题，而是传播了其他方面的概念，因为巴西人较少穿白色衣服。力士香皂在德国的广告中展现的是一位明星手拿力士香皂要去冲淋浴的场景；而在英国的广告中，则是同一女性在浴池里使用力士香皂的画面。因为德国人爱冲淋浴而英国人偏爱浴池。美国李维斯牛仔裤在欧洲大

① 李龙生.艺术设计概论[M].合肥：安徽美术出版社，1999：77.

陆的商业电视广告中性感色彩极浓;在英国则突出牛仔裤是美国货,塑造充满神奇色彩的西部牛仔形象;在澳大利亚广告传播的目的则是树立商标威信并带来产品利益——“合身不紧身,一夜好逍遥”。

20世纪90年代,IBM推出了一系列以“四海一家的解决之道”为主题的电视广告片,在近十年时间里,先后有“阿拉伯的摩洛哥人篇”“法国人篇”“曼谷的河流篇”“爱尔兰的牧羊人篇”“希腊渔夫篇”“意大利的农场主篇”“南非儿童篇”“巴西雨林篇”“亚洲僧侣篇”以及中国的“药店篇”等。在这些广告片中主人公使用IBM的商务方案解决了工作和生活中的许多问题,并享受到科技带给自己的生活乐趣。IBM每支广告片都通过带有浓郁地方民族特色的人们的交谈来呈现产品信息、表现广告主题。轻松活泼的爱尔兰风笛曲、太阳余晖轻洒的湄公河、拥挤的小渡船等具有民族特色的情境都出现在广告片中。人们用各国的语言谈论着IBM,在画面的下面则配以英文字幕。IBM的系列广告真正做到了国际化与本土化的结合。在多样性和各具特色的本土化广告背后是IBM一以贯之的国际化创意策略和思路:以“困境—解困”的创意模式,采取“在特定环境下的人物对话”的表现形式,形成统一的平易近人、幽默诙谐的广告风格。在全球化的广告总战略下,IBM系列广告从广告用语、符号意义、文化象征、诉求主题、形象组合到广告经营策略等方面都很好地与各地本土的社会文化相结合,将本土文化完美地融合进IBM的品牌内涵中。

本土化创意也需要深入理解和领会当地特殊的民族文化传统,有的时候因为对于广告发布国文化传统的不了解而造成许多的误解,既不利于品牌的塑造,更伤害了当地人民的民族感情。在当代广告创意中,有很多这样惨痛的例子,如SONY收录机在泰国设计发布的释迦牟尼随音乐左右摆动的广告,万宝路烟民鞋露脚丫、高跷二郎腿坐在泰国的寺庙前的广告,丰田霸道涉嫌侮辱中华精神的广告,立邦漆戏谑中国文化的“滑龙广告”,以及耐克涉嫌亵渎中国民族风俗习惯的“恐惧斗室”广告等。这些都说明在信息时代的广告活动中，全球化不能成为广告创意肆无忌惮的借口，广告创意要更深入而踏实地研究和吸收本地文化，借助不同文化系统的差异性，让本土文化成为创意的激活基因。只有这样才能真正将国际化理念完美地融入本土化创意之中，让国际化与本土化结出最美丽的果实。

五、当代广告创意的时尚盛宴与人性光辉

关于时尚，有许多不同的定义。时尚主义者说“时尚是生活方式的核心影响中枢，它既是目的，也是手段；它既是过程，也是目标；它既是理论，也是实务；它既是实体，也是虚构；它是短暂的流行，也是深层的结构；它既指涉物质，也指修辞；它既是生活化的，也是舞台化的；它已经是当代生活的主要特征之一”。[①] 草根媒体说“时尚其实很简单，只要你内心没有负担；时尚很昂贵，它需要付出不后悔，追到的轻易扔掉，再去追新的；时尚是一种感觉，存乎于心，发之于形，只要你用心就能发现它无所不在。拥有时尚只能证明你有一种能力，像天才阿甘说的那样：‘亲爱的，从今以后不用再为钱的事操心了。’”[②]理论学家则认为“时尚是一种机器，维持着意义，却从不固定意义，它永远是一个失望的意义，但它怎么说也是意义。它没有内容，于是便成为一种景观，即人类赋予自己以权利，使没有意义的有所意指；时尚于是便显示为一般表意行为的示范形式，于是它变为‘真正人类的符号’”。[③] 更有人将时尚定义得无比凝练：时尚是“一定时期中社会上普遍流行的物、思想与行为（包括物质、生活方式、观念和思潮）”。[④]

关于时尚的众说纷纭让时尚更加扑朔迷离，但当代广告却似乎一点儿也不迷糊，对时尚的把控游刃有余。对于中国人来说，从 20 世纪 80 年代

---

① 李克.中兴百货的意识形态——中兴百货广告作品合集 1988-1999[G].长沙：湖南美术出版社，2001：77.

② 王晓，付平.当代中国广告透视[M].北京：中央编译出版社，2004：116.

③ 王晓，付平.当代中国广告透视[M].北京：中央编译出版社，2004：116-117.

④ 王晓，付平.当代中国广告透视[M].北京：中央编译出版社，2004：118.

的流行歌曲、朦胧诗，到 90 年代的炒股、怀旧，再到 21 世纪之初的少年作家、“非典”等，时尚在国人眼中匆匆而过，旧的流行不断过去，新的时尚又纷至沓来。在广告创意中，时尚元素也纷纷登台。20 世纪末 21 世纪初，香港电影《大话西游》风靡全国后，电视广告曾出现过三个与此相关的品牌广告。一个是旭日升“高兴就好”饮料广告，唐僧意味深长地说“想喝你就说嘛”；另一个是在步步高复读机广告中采用了唐僧“名曲”*Only You* 的音乐；第三则演绎的是周星驰对娃哈哈绿茶“爱你一万年”的经典爱情告白。广告创意对于时尚绝不应是这么简单的肢解和借用。当代广告创意还须在创作理念、创意手法、元素选择和广告执行上充分借鉴和融合时尚精神。

从创意理念上看，时尚代表的是个性化、新概念以及更新换代。当代广告创意中，许多品牌广告在定位与广告语撰写上都鲜明地体现出个性化的情绪，如雪碧的“张扬自我，独立掌握自己的命运”“我终于可以做一回自己了”“表达真的我”“我就是我，雪碧”，娃哈哈非常可乐的“亮出你自己”，全球通的“我能”等。而新概念在当代广告创意中也是经典创意理念之一。2000 年的“SOHO 一族”，“商务通”掌上电脑的“一个都不能少”，甚至衣服上的“生态纺织品”“纳米材料”“远红外发射”，房地产的“大宅”“豪宅”“美宅”“公馆”“世家”等。有些新概念或许能喧哗一时，但终究不会长久。更新换代也是时尚化广告创意的创意理念之一。移动的电话——发彩信的手机——能上网的手机历数的是人们对于手机功能需求的更迭。百事饮料更是明白大胆地提出，你应该喝我们的产品，因为我们是“年青一代的选择”。从创意手法上看，时尚广告的特点是注重明星代言。时尚广告最不可或缺的是俊男美女和各种偶像，因为对于时尚的接受者——年轻人来说，偶像是最有效的说服者和意见领袖。2007 年《国际广告》等单位通过消费者投票评选出了中国电视广告年度十大男女主角，其中男主角除姚明、刘翔、贝克汉姆三个体育明星外，其余全部为文艺明星，女主角除陈鲁豫为节目主持人外，其余全部为文艺明星。而这些明星代言的广告也大多为知名品牌或年轻人喜爱的时尚品牌。从当代广告创意的元素选择上看，时尚音乐、唯美画面和舞蹈表演成为众多广告作品的主流内容。平面广告不必多说，电视广告亦是如此。2007 年中国电视广告的相关评选还选出了十大唯美电视广告片。在这些广告中，音乐、画面以及靓丽男女的表演都精彩十足。这也正好反映了当代广告创意在时尚外衣下，广告风格是幽默、轻松、跳跃、激情以及夸张、新潮的。

当然，时尚毕竟是少数人的事情，当代广告创意同时尚理念相关的还包括对多数消费者人性的理解和尊重。当代广告创意将尊重人性作为创作研究课题，在重视产品促销与品牌推广功能的前提下，深层发掘信息传播的人性化视觉表现语言。这里面既关系到广告观念的不断更新，也包含了广告创意手法的持续演变。从设计观念的更新上看，当代广告已经意识到广告创意迫切需要依据人们生活方式的改变进行设计思路的创新。在信息多元交叉的社会中，新型的广告沟通越来越多，多种形式的信息可以在瞬间得到，其中图像与文字信息的结合、数字化多媒体的运用等，使消费者既可以根据需要逐个获得详细的商品信息，也可以通过视觉图像在虚拟现实中达到目的。在这种情况下，当代广告设计师在不断挖掘时代新变化和新特点的同时，更加注重对消费方式的变化的探索，并重新审视当代文化现象及艺术潮流方面的变化，希望从中寻求到更先进的广告创意观念。当代广告创意以简洁有效的文字、图形符号传递了具体精确、含意深刻的信息，并通过图形符号来构建受众的生活经验。符号是极端简化的图形样式，在这一过程中，当代广告创意采用了规则的、对称的、几何图形之类的符号，使广告信息更容易被受众接受并认知，从而有效地刺激人的视觉感官，对人产生强烈的吸引力，使人产生视觉快感，以满足现代社会环境中人们的视觉审美需求。“对广告视觉传达语言进行简化的功能，将产品的价值理念物化成为图像符号，使其简洁直观的广告视觉语言更具有丰富的认知想象空间和有效的视觉冲击力,使受众在认识广告视觉传达语意的过程中将感性和理性有机结合起来,达到快速、有效传递广告视觉信息的目的,并成为当代广告最为突出的特点之一。”①

实际上,对于中国当代广告创意来说,追求时尚也面临着如何处理好同传统关系的问题。时尚并不是一味地追求特立独行和乖张怪异,传统美学的原则与元素未必就不时尚。旗袍与唐装同样是传统,中国结与中国红更是传统文化与美好心愿的凝练。对于中国当代广告来说,外来的尤其是欧美的创作风格不能成为当代广告创意的唯一代表,站在中外东西的文化精华之上,抽丝剥茧,沉淀积蓄,之后的爆发必定是惊天动地的。

思考题:

1.比较 USP 理论、品牌形象论、ROI 理论、共鸣论、定位论及品牌个性论的不同,试运用其中某种理论分析耐克与阿迪达斯两个品牌不同的广告创意策略。

2.试举例说明 ROI 理论的主要内容。

3.试举例说明水平思考的创意方法。

4.试分析当代广告创意的趋势特点。

---

① 秦岁明,丁媛媛.广告视觉传达发展趋势探究[J].包装工程,2006(2):233-235.

第四章　广告创意的准备与实施

从现实的情况看，无论是发展新概念还是形成新构想，几乎所有的创意活动都是从相关信息的输入开始的，然后才有可能开始演绎推理和想象组合，在这些与未来解决创意问题密切相关的信息中发现新的看法、新的价值、新的灵感火花。所有的广告创意活动都源于信息的输入。

广告创意不是简单的拍脑袋的结果，它是广告运动整个系统中的重要一环，它向上承接广告调查和分析，向下开启广告设计表现和媒体选择。广告创意是建立在对于产品、广告主、消费者、市场以及竞争者等的详细研究基础之上的，我们对这些资料的研究汇总所形成的结论就是广告策略。

第一节　广告创意的准备

一、确定广告战略

我们在进行广告创意时，最容易出现的失误是着急地铺开一张纸，或者打开电脑，在什么前期准备工作都没有进行的情况下，就开始匆忙地写标题或者尝试构图和造型。实际上，这种做法的效果并不好，甚至是完全错误的，在没有弄清楚人们购买这个或那个商品或服务的真正原因之前——不管是什么原因——你创作的广告都是无的放矢。杰出的广告创意都是先从跑腿开始的，在各种问题中挖掘，逐渐了解销售情境，做了充分的准备之后，才开始撰写文案或者进行图像的绘制和设计。

广告战略就是在跑腿、分析过程中形成的。对于一次广告创意来说，先确定好合理有效的战略方向非常重要。下面以反对青少年酒后驾车的公益广告创作为例。一般创作这样的公益广告，创意的战略方向大多是强调酒后驾车的危险性，即可能丧失生命。标题诸如"切勿开车饮酒"之类。实际上，面对反复警告和无处不在的反对酒后驾车的广告，年轻人酒后驾车的情况仍然时有发生。通过深入研究，我们发现，请勿酒后驾车的广告，大多都是强调在公路上开车有死亡的危险。这个观点在一般人看来非常有杀伤力，但青年人生命力旺盛，正处于满怀憧憬和理想的时期，死亡对他们来说是个遥远的字眼。相反，因为酒后驾车失去驾照的危险和麻烦，在心理感受上比失去生命要恐惧得多。对于西方年轻人来说，驾照是独立和成年的重要标志，失去它，将意味着失去独立，意味着要面对同龄人的鄙夷和轻视，要承受巨大的来自同龄人的压力。所以，反对酒后驾车的广告其实可以选择一个更有效的广告方向。这就是广告战略的不同。

那什么是广告战略呢？一个广告实际上由两个部分组成：说什么和怎么说。说什么是你的战略——主攻方向、广告的大创意、卖点；怎么说是广告战略的实施问题——战略的独特表现形式，如形象、语言、图案设计和所使用的媒体。我们也可以把二者称为战略和战术。

中央电视台2002年春运期间推出了一则"遵守交通规则"的广告，以动画的形式描述了这样一个故事：春节临近，人们纷纷踏上归途，孩子坐在驾车的父亲旁边，回家心切的乘客们想要挤进已经客满的汽车时，孩子轻声提醒父亲不要超载，不要超速，不要酒后开车，不要夜晚疲劳驾驶等，父亲接受了他的建议。在孩子不断的提醒中，广告通过几组画面的切换给目标受众以告诫。

英国BBC"酒后驾车"广告，开篇以温馨的手法描述了这样一幅场景：年幼的孩子在与父亲玩耍；花坛边，一对情侣温馨地拥抱在一起；与此同时，一位喝了酒的司机从酒吧走出，启动了他的汽车。温馨的场景还在继续，司机也继续开车，突然，司机由于酒后反应迟钝而撞上了对面车道上的一辆车，该车翻入庭院，压在了正在玩耍的孩子的身上，司机的车子也撞上了花坛边的情侣，接着是撕心裂肺的哭声。旁白：酒后驾车，制造不幸。

这是两个主题相同，但战略方向不同的广告，前者采用的是正面的理性诉求和情感诉求的混合方式，没有展示不采纳建议的严重后果，又运用比较轻松的动画形式，显得有些不痛不痒。后者则采用具有严重威胁性的恐惧诉求方式，形象地再现了酒后驾车的状况以及可能导致的严重后果。

同样的广告目的，显然有不同的诉求，即"说什么"不同；每个诉求可以用不同的方式表达，"怎么说"也不同。美国伯泽尔和雅各布森广告公司执行副总裁罗恩·安德森对此评论："广告有了好的战略，但是实施不好，就像1月里的一个下雪天一样沉闷。广告实施得十分精彩，但是战略欠佳，可能颇具娱乐性——但它不起作用。因此你必须把全部工作做好，不能只做一半。战略要棒，实施也要棒。"①

那如何才能形成一个有效的战略呢？

我们认为至少应该在三个方面下功夫，即产品、消费者、市场。

产品，你卖的到底是什么？初看上去，这个问题简单，实际上并非如此，很多时候我们因为过于主观和武断，而不能很好地把握和了解它。

消费者，你要把产品卖给谁？你有没有确定哪些人是你商品的最佳市场？你对这些人有多少了解？推销产品的关键是理解人们与这些产品的关系，他们希望从这些产品中得到什么？你的产品能满足什么需要和动机？

---

① 菲尔顿.广告创意与文案[M].陈安全，译.北京：中国人民大学出版社，2005：4-5.

它能解决什么问题?

市场,你的产品和广告如何融入它周围的市场环境?没有哪种销售是在真空环境中进行的,市场上可能会有和你的产品相似的其他产品,你的产品所属的产品类别以前已经向消费者做过广告。简而言之,各种产品消费者都见过,而且全部都用过。那么你的产品如何在市场上脱颖而出?消费者为什么要选择你的产品,而不选择其他的品牌?

这些问题对于广告创意至关重要,而且它们之间相互关联。在弄清楚你到底要卖什么之前,你不可能确定自己的目标市场;但在确定目标市场并认清消费者的需要之前,你不可能知道该向消费者做出什么承诺。在分析你的竞争对手所处的市场地位,成功地把你的产品和他们的产品区分开来之前,你也不可能制定出有效的广告战略。要把这些所有的问题都明确并不是一件容易的事情。每一个广告和商品所面临的情况千差万别,所以我们不可能用一种统一的格式来回答所有的问题。良好的广告创意应该完满地占有以上材料,形成准确的广告战略,创作出优秀的广告作品。

二、研究产品

在广告创意过程中,创意人员必须充分获取信息,把自己变成一个通晓产品及其所属产品类别的专家,尽可能地获取大量信息。DDB 公司在为大众微型轿车创作传奇般的广告之前,首先派出创作团队前往德国沃尔夫斯贝格的制造厂,开展前期准备工作。威廉·伯恩巴克说:“我们日复一日找工程师、生产人员、业务主管以及装配线上的工人谈话,我们全程跟踪从金属熔化到铸造成发动机的全过程,直至每一个零件都安装到位。”[①]经过这一番功夫之后,他们才找到了销售诉求:这一款大众轿车是“诚实”的车——简明、实用、做工好到令人难以置信。所以,只有先对产品进行深入细致的研

① 菲尔顿.广告创意与文案[M].陈安全,译.北京:中国人民大学出版社,2005:8-9.

究，广告创意才能有的放矢。

1.如何研究产品

先了解产品的成分和效果，看商标，研究包装。如果可能，亲自用一用，再对它进行深入研究，并尽可能彻底地了解该产品所属的产品类别。

面向大众做调查，询问他们为什么使用或者不使用这种产品。进行实地调查，听取大众的实地反馈。如果可以，我们还可以召集目标人群进行焦点座谈，或对消费者进行各种各样的产品调研。

打电话或者写信给公司，索取有关资料。如果公司有800或者400的免费电话，尽量跟他们的一线员工进行深入的交流，拨打电话可以获得面对面时员工不愿意透露的一些信息。尽量搜集企业的一些宣传手册。另外，其他竞争品牌的相关宣传材料也尽量去掌握。该产品类别内的所有产品的广告等材料，也都尽量搜集和研究，积累、丰富自己所掌握的材料。

访问当地零售商，了解产品及其竞争产品的情况。同一个零售商谈10分钟，你能得到大量信息：购买者的类型、谁是你的大客户、主要竞争品牌的竞争优势和劣势，乃至整个市场的状况。

进行图书馆研究。如果得不到产品的充分信息，你可以想办法从图书馆等途径获取。如果你要推销的是维生素，你不妨到当地书店去逛一逛，浏览一下保健书籍。可能有些作者会用一些有趣的事实作为章节的标题，放在封面上。其实，我们发现杂志的很多标题具备非常强的广告传播力，如维生素产品的“你知道你的身体每天都缺乏8种重要的维生素吗？”产品类别往往可以成为某一品牌的信心来源。

2.挖掘产品卖点

20世纪50年代，世界广告业正处于以“产品为中心”的时代，告知性的强行推销广告在广告运动中占据统治地位。到了60年代，由于美国经济进入衰退期，市场不景气，强制性的广告推销受到消费者的强烈抵制。

面对这种形势，为了改变市场的不景气局面，各个企业均推出差别化的市场竞争策略，而广告成为产品实施差别化策略的强有力手段。广告如何为产品差别化发挥作用呢？广告界有种种做法和理论学说，其中影响最大、流行最广的是“销售重点”（Selling Point）这个概念。

销售重点，是指商品自身所具有的、能打动消费者的设计、特长、机能、材料等富有魅力的东西。日本电通公司的《广告用语事典》则将其定义为：产品服务的特征、性格、品质之中可为使用者提供方便和满足感的东西。该事典还提出，在广告制作时，寻找和发现针对消费者诉求的“销售重点”至关重要。

在实际操作中，销售重点的分析要着重解决如下几个问题，即检验广告商品或服务与同一类商品或服务的共同属性；从各个角度调查和列举其机能和特性；与竞争产品作比较，注意其共有优势和特征；体会产品设计中的新思路和新技术；确定产品所在的生命周期位置；将其特性与人们生活中发生的效用相联系等。

挖掘产品卖点时，我们可以使用列单子的方法，把产品本身所具有的功能和特点一一罗列出来，这一过程的完成需要团队的合作，尽量开拓思路，去发现产品的每一个价值点。罗列的结果是诞生一张列满产品特点的单子，这些都是产品可能被消费者接受的优点，接下来则要明确的是：哪些特点是最应该被提炼出来，作为产品的诉求点的内容？

从产品的所有卖点中，依据不同的价值判断，选取有用的一组卖点或能体现产品特点的一种价值取向，作为产品的诉求点。选取过程可依据两点来做判断：一是选取产品对消费者有独特价值，或优于同类产品的特点；二是依据同类产品的市场机会点进行判断和取舍。

上述分析方法的好处是：与竞争对手的产品作比较，发现差异点。然而，在竞争激烈的市场环境里，要发现广告商品与竞争对手商品的差别是相当困难的。因此，在分析的初始阶段，就要注意到商品的品牌、包装、价格等辅助因素,以及企业规模与社会地位;从消费者的角度来观察、分析、考虑商品的机能特性:列举与消费者能发生直接作用的机能,从直接作用延伸到更深更宽的层面——消费者的生活需求,当发现作用不足时,再对其进行基于商品使用场景的市场细分。

三、分析消费者

企业经营的最终目的是将生产的产品转化为能够被消费者接受和使用的商品,进而从消费者身上获取利润。这一目的能否实现主要取决于消费者是否愿意购买你的产品。因此,在市场营销中,首先不是考虑生产和销售什么,而是要弄清楚消费者希望购买什么以及他们购买的行为特征,这些就是广告创意中消费者分析的重要内容。分析消费者的目的在于找到他们并了解他们的需求心理,创造适当的机会,以合适的方式传达信息,达到广告目的。

1.消费者及其分类

消费者是购买和使用商品或服务的人或团体。为了个人和家庭生活需要消费商品和服务的人我们称为个人消费者;相应的,购买商品和服务用于生产性消费,以及转卖、出租或其他非生活性消费的企业和社会集团就是集团消费者。在广告创意中,我们主要研究和分析个人消费者。

根据某一商品的消费者状态,我们把消费者分为潜在消费者、准消费者、显在消费者、惠顾消费者和种子消费者五类。潜在消费者指消费者具有的买点与企业的现实卖点完全对位或部分对位,但尚未购买企业产品或服务的消费者。准消费者是对企业的产品或服务已产生了注意、记忆、思维或者想象,并形成了局部购买欲,但未产生购买行动的顾客。显在消费者则是直接消费企业产品或服务的那部分人群。惠顾消费者则是常客,是经常购买本企业产品或服务的惠顾者,他们对品牌忠诚,具有强烈的产品情结。种子消费者是由常客进化而来,除自己反复消费外,还为企业带来新消费者的特殊消费者。

在广告策划中,我们要特别注意显在消费者、惠顾消费者和种子消费者的情况。能否涉及每一个显在消费者决定了企业营销推广的开拓力度。据研究,一个不满意的消费者会直接或间接影响 40 个潜在消费者,使公司失去 40 笔可能业务。惠顾消费者是产品的基本消费队伍,有关研究表明,留住一个常客的费用仅是开发一个新消费者费用的 1/7。因此,企业应通过广告策划着力培养自己的常客队伍,形成庞大的忠诚群体。种子消费者是可以为企业带来新消费者的群体,它的数量往往决定了企业的兴旺程度和前景。

2. 了解消费行为

消费者行为指的是消费者为获取、使用、处置消费物品或服务所采取的各种行动,包括先于且决定这些行动的决策过程。现代市场经济条件下,我们研究消费者行为,不仅要了解消费者是如何获取产品和服务的,还要了解消费者是如何消费产品,以及产品在使用寿命结束之后是如何被处置的。因为消费者的消费体验、消费者处置淘汰过时产品的方式和感受都会影响下一轮消费者的购买。

消费者行为包括如下几个因素:购买者是指构成某产品的市场的群体;购买对象指消费者购买了什么样的产品;购买目的指的是消费者为什么产生购买行为,背后可以追寻的是消费者的购买动机;购买组织指向参与了购买行为的群体和个人;购买行动着眼于消费者购买行为的具体过程,包括了店铺选择、购买时机、品牌选定、货币支付等;另外还有在什么时间购买以及在什么地方购买等。

消费者行为具有多样性、复杂性、可把握性和可引导性的特点。多样性表现为不同的消费者在需求、偏好以及选择产品的方式等方面各有侧重,即使是同一消费者,在不同的时期、不同的情境以及不同产品的选择上也具有较大的差异性。消费行为的多样性决定了消费行为的复杂性,同时,消费者所面临的多种内部和外部因素也影响了消费者的具体购买行为。比如消费行为受消费动机的影响,但消费行为背后的动机却是隐蔽和复杂的,同一种动机可能促发不同的行为,同一种行为也有可能来自于多种动机的综合作用。消费行为虽然错综复杂,但也并非完全不可捉摸。在广告创意中,通过精心设计的调查完全可以准确地了解和掌控消费者的复杂行为,因为在各个具体的消费行为背后具有可以归纳的共性,这个共性就是消费者的需要。需要促使人类产生各种各样的消费行为,这是消费行为规律的共性。若能掌握和洞悉消费行为,我们就可以尝试对消费者的购买活动进行引导。当消费者对自己的潜在需要以及可以满足这一需要的产品并不十分清楚时,企业可以通过提供相应产品与服务或传播相关信息的方式来触发和彰显这一需要。从这个意义上说,消费行为是可以被激发和引导的。当然我们也应该注意广告活动中引导消费行为的前提是产品和服务确实能够给消费者带来实际的利益,同时我们的引导行为完全合乎法律和社会道德规范,否则广告行为会带来适得其反的结果。

3.明确消费行为背后的心理意义

美国人本主义心理学家马斯洛认为人的需要是分层次的,从低到高分别是生理的需要、安全的需要、爱和归属的需要、尊重的需要以及自我实现的需要。

生理的需要是人类维持自身生存的最基本要求,包括饥、渴、衣、住、性等方面的要求,它对应了生活必需品的消费市场。在消费心理上,人们追求食品从数量型消费向质量型消费转化,由原料型向半成品、成品型转化,因而方便食品、快餐文化以及现代化炊具成为最吸引消费者的产品。安全的需要是人类要求保障自身安全、摆脱事业和财产威胁、避免职业病的侵袭等方面的需要,它对应了保健用品的消费市场。在这一市场上,人们热衷于购买药品、卫生用品、保健食品、保健器材以及保险服务,注重安全性的考量。

爱和归属的需要表现为人人都需要伙伴之间、同事之间的关系融洽或保持友谊和忠诚；人人都希望得到爱情，希望爱别人，也渴望接受别人的爱；人人都希望归属于一个群体，希望成为群体中的一员，并相互关心和照顾。这对应了社交产品市场，包括了服装消费、饰品消费、烟酒茶咖啡等饮品的消费等。人们给这些产品注入大量的情感要素，把它们当作传情达意、表达情感的手段。尊重的需要指一个人希望在各种不同情境中有实力、能胜任、充满信心、能独立自主，同时希望有地位、有威信，受到别人的尊重、信赖和高度评价。尊重的需要对应那些能够满足人们的自尊心、荣誉感之类情感的产品，包括了工艺品、古玩、美食、时装，以及各种高档耐用消费品，另外还包括了旅游、娱乐、参加各种聚会等享受性消费行为。自我实现的需要是最高层次的需要，它是指实现个人理想、抱负，最大限度地发挥个人的能力，完成与自己的能力相称的一切事情的需要。它对应的产品包括了学习用品、书籍、用于智力开发和终身教育的用品以及各种个性化的用品等。尤其是那些能够体现个性特点的产品更易受到现代人的欢迎和喜爱，他们将产品和品牌作为自我表现的媒介和个性展现的载体，这类产品尤其需要创意设计新颖独特的广告、包装以及特殊的品牌形象。

马斯洛的需求层次理论虽然科学，但相对来说较为简单，也比较呆板一些。随着经济发展水平的提高和消费意识的增长，人的需求越来越体现出多样化和个性化的特色，美国学者罗伯特·塞特尔和帕梅拉·阿尔里克在《他们为何购买：美国消费者透析》一书中对人们个性化的需求做了更详尽的描述：①

（1）成就感：运用自己的技能完成困难任务的需要。产品包括了专业工具、运动器材和提供技能培训的服务，如芭蕾舞课程、大学课程等。

（2）独立性：独立自主的需要，有多种选择，有个性。产品有时装、头发护理、信用卡、酒精饮料、香烟等。

（3）表现欲：吸引公众注意力的需要，炫耀，期望得到他人关注。产品有

① 乔治·费尔顿.广告创意与文案[M].陈安全，译.北京：中国人民大学出版社，2005：24-25.

服装、时装配饰、轿车、房子、发型等。

(4)得到承认:受他人正面关注,被尊为典范的需要。如徽章类产品、获取文凭、参加社会团体等。

(5)支配欲:有权对他人进行支配、指导和监督的需要。产品或服务如轿车、别墅、杀虫剂、洗涤剂等。

(6)归属感:与他人建立亲密联系、建立感情关系的需要。产品或服务如参军、参加各类团体、个人生活护理用品等。

(7)抚育:照顾他人的需要,拥有并加以保护的需要。如用于照顾儿童和宠物的产品,园艺、烹饪和料理家务,洗衣、志愿者和慈善工作等。

(8)求助心态:接受他人帮助、得到安慰的需要。产品或服务包括能起到关照作用的任何东西,个人服务,尤其是作用于个体的服务,如豪华轿车、沙龙、矿泉疗养地、咨询服务等。

(9)性别魅力:确定并发挥自己的性别身份的需要,有充分的吸引力。产品或服务包括一切性别化的产品、香水、时尚的东西、约会的装饰品和各种娱乐等。

(10)刺激:刺激感官的需要,参加激烈活动,身心投入,出汗,保持活跃。如运动器具、健身俱乐部、餐馆、公共露天游乐场、泡沫浴等。

(11)消遣娱乐:放松的需要,玩耍,逗乐,接受娱乐。产品与服务如度假、公共露天游乐场、运动等。

(12)新鲜感:改变日常生活惯例的需要,改变经历,实现多样性,学习新技能,取得新经验。如旅游、教育、电影、书籍等。

(13)理解力:学习和理解的需要,运用智力把它们联系起来。如自我修养课程、教育、电影、书籍等。

(14)协调性:保持井然有序和清洁卫生的需要,控制不稳定因素,避免含混不清的情况。产品如一切清洁器,各种维修服务,用于维修的产品、配套产品、组织者等。

(15)安全感:消除恐惧的需要,获取资产,避免事故。如保险、防盗报警器、投资、一切安全设施等。

同时,我们也应该注意到,有时候消费者购买某个产品并不简单地执着于其中某一种需要。如购买薯片,低层次来说是为了在饥饿的时候填饱肚子,这是生理上的需要;而当我们把这一产品定位为年轻人都爱吃的食品时,那就是为了体现归属感;如果我们界定它是女人最爱的食品,那就是性别化了的;或者是象征独立的成年人吃的食品,是可以满足成就感的办公室食品,是体现了父母精心养育孩子的专门买给孩子的零食等。

4.目标消费者描述

为了使广告创意更加生动,我们经常会使用一种消费者描述的方法来进行广告创意的准备。消费者描述是对某一商品或品牌的典型消费者群体进行个性化和生活化描述。这种描述包括了消费者的年龄、性别、职业、家庭结构、社会阶层、生活方式、个性特征、人际交往、个人喜好、媒体习惯等多个方面的特点。如以下是针对某一青少年产品的消费者描述。①

朵拉是一位15岁的少女,她有一大堆洋娃娃和布偶,有很多牛仔裤和T恤,喜欢假装和男生是哥们儿,但总会偷偷“爱”上其中一个。朵拉大部分时间都很乖巧,偶尔会为一点坚持而任性嘟嘴,是爸爸妈妈的掌上明珠,崇拜老爸,腻歪老爸,有时会和妈妈闹别扭。

朵拉的个性是一分钟之前还笑得世界乱转,一分钟后马上决堤泛滥。一个喜怒哀乐以秒来计算的女孩,情绪随人、事、时、地、物、天上星星、地上蚂蚁、小狗狗掉落的白毛、小猫咪迷离的眼神、黄玫瑰上滴落的露珠,以及不小心掉落的花瓣……心情作180度急转弯的女孩。

朵拉好想快点独立,做女强人、单身贵族,可以穿新潮漂亮的衣服。喜欢收集明星偶像的照片、海报。不喜欢战争,不喜欢蓝波和阿诺型的肌肉男

① 杨梨鹤.广告文案传真[M].汕头:汕头大学出版社,2003:70-72.

生。看电影或电视节目，内容并不重要，谁演谁唱才是重点，可以为演唱会逃课，或通宵排队。

通过消费者的生活描述，我们可以从中发现一个鲜活生动的形象。在广告创意中，我们需要围绕这个鲜活的人物形象展开创意与想象，这样可以确保广告创意沿着正确的方向展开，不至于偏离目标消费人群。同时，把从消费者详细描述中发现的生活细节放到广告创意中，更能激起购买者的情感共鸣和心理认同。

第二节　广告创意的实施

在做好了广告创意的各项准备工作，熟稔了产品，了解了消费者，把握了市场之后，下一步就应该对广告创意的各方面条件进行一次集中的整理，并撰写可以指导具体广告创意与广告表现的策略报告。对于策略报告的重要性，曾任奥美广告公司执行副总裁的诺曼·贝里表示："模糊的策略束缚手脚，明确的策略放开手脚。"美国安米拉迪和普雷斯广告公司创始人、联合主席兼创意总监拉尔夫·安米拉迪则说："从正确的策略出发，并始终坚持到底。我们不是一群只会制作广告的工匠，我们是有组织并且受过训练的——每项工作都有按部就班的程序。"①

一、确定创意目标

虽然我们在前面的论述中已经认识到了分析消费行为、产品以及细分市场的重要性，但可能对于制定精确的广告目标是否必要还心存疑虑。有些人认为，广告的目标不必太精确，说些诸如"这产品真好，真的，现在你就

① 乔治·费尔顿.广告创意与文案[M].陈安全，译.北京：中国人民大学出版社，2005：52.

买吧”之类的话就够了。他们认为,诚心而又巧妙地对一种产品表示认可,广告的准确任务不过如此。

在广告创意中,如果你做的只是一般的“提醒式”广告,你的目的只是向消费者作不间断的提醒,那你的目标可能不会那么急迫和明确,但即便如此,这也具有一定的目的性。大多数时候,我们的广告目标应该尽可能地具体,有实际内容,而不是光摆架势。如果不先有明确的目标,那很可能创作出了广告,但广告的效果却不甚明显,无法引起消费者太多关注。

那应该怎样确定广告的目标呢?不同广告的目标有何不同?这首先要明确广告面临的问题是什么,能有针对性地解决广告问题的创意肯定是好的创意。比如有针对性地回答了关于消费行为的问题,关于目标市场的问题,关于产品和市场定位的问题等。具体来说,如果你的产品是新的,你就需要宣传、介绍这个产品的新特点,做到广为人知。也许你的产品不是最新的,只是有所改进,或包装更方便或味道更好,把这些信息传播出去就成了你的广告目标。也许你的产品的生命周期已处于没落阶段,你想通过提供新的用途为之注入新的活力。美国广告人在苏打产品的适用范围缩小后,提出了新的使用方法——我们可以把它放在冰箱里、地毯上、猫窝的草垫子里、洗衣盆里。也许你试图在广大用户中扩大产品的消费面,如美国消费者听到的“柳橙汁,不再单纯是早餐饮料”,伊利也曾推出过以“早餐奶”和“晚上好”为产品名称的奶制品,这些就是通过改变消费者的消费习惯来扩大用户的适用范围,以增加销量的创新做法。黑人牙膏进入中国台湾地区时,也曾在晚间时段发布过类似以扩大产品销量为目的的电视广告,诉求人们在晚间刷牙,以保护牙齿健康,试图改变很多人不爱晚间刷牙的习惯。也许你想改变人们对于你的品牌或者产品类别的态度,也许你面对激烈的竞争,因此必须宣传产品优势——宣传独有的产品特点,或者通过独特的品牌形象制造出一种差异来。也许你正在瞄准新的目标市场,因此希望创作新的广告,用他们的语言说话,使你的产品符合他们的需要。

二、撰写创意策略报告

广告创意策略报告有简单和复杂两种样式，简单的广告创意策略报告主要包括如下内容：一是你承诺了什么实惠，也就是你的产品的卖点是什么？二是你对谁做出了承诺？三是他们为什么会相信你？这三个方面作为策略报告的基本方面，在我们研究一个产品时，可以根据产品具体情况概括为一句话。如，“广告以现有的橙汁饮用者为目标，让他们相信，无论白天还是晚上，橙汁在任何时候都是有益的。证据是：营养、解渴、补充能量，所有这一切在一天中随时都是需要的”。另外再如，“广告以具有环保意识的家用清洁剂使用者为目标，让他们相信，墨菲斯油皂具有彻底洁净作用又不损害环境。理由：它不含刺激性去污成分或者碱，它是百分百纯植物油做成的”。再如，“广告以 18 岁到 34 岁的高消费阶层妇女为目标，让她们相信，利米特德·埃克斯普雷斯服饰能在职业和社交方面助她们成功。理由：其品牌风格是追赶时尚、自信、时髦的”。

然而在实际的创意工作中，仅仅依靠以上一些简单的策略信息，创作出来的广告可能还不够完美，所以有时候我们还需要根据以上策略报告的三个基本要素，扩展出更为详细的几个方面。这几个方面就是：产品主要事实、广告问题、广告目标、目标消费者、竞争态势、主要消费实惠和论据。

主要事实。广告创意总是从一个简单的事实出发的，这个事实是从有关产品、市场、竞争对手等一切信息中梳理出来的，是与广告关系最为密切的要素。许多广告人的观点是一致的：策略思考从寻找有关产品的主要事实开始。为什么呢？因为它能启发我们看到必须解决的广告问题。一个产品可能具备多种方面的特征和优势，这都是所谓的产品事实，但是我们在广告创意过程中，出发点大致都是一个集中的，最能体现产品特征的，最能使消费者产生震撼的点，即产品的主要事实。

广告问题。这个主要事实能给你什么启示？你的产品与消费者有关的最大问题是什么？例如在研究红牛饮料时，你发现的主要事实可能是消费者对此品牌不了解：他们不知道价格高出一般饮料好几倍的小铁罐里的液体是给儿童的还是给成人的，是一般性饮料还是功能性饮料。这时你的广告问题就明朗化了：你必须在消费者心目中树立起红牛自己的地位，让它同市场上的其他饮料区别开。

广告目标。找出主要事实，理解了广告问题之后，用一个广告目标把这种理解表达出来。你想对消费者施加什么影响？广告目标说到底是传播目标：你希望人们如何理解、相信或感受你的产品。广告目标不同于营销任务，你不能将诸如销量或者利润提高20%这样的任务当作广告的目标。因为营销任务并不是单靠广告就能完成的，它还要依赖一定的经济环境，以及除了广告之外的其他许多因素。以红牛来说，它的广告目标是建立起消费者对于红牛作为功能性饮料的基本认识，让那些长期处于紧张工作状态中的人们意识到红牛是他们抵抗疲劳、焕发生命力和活力的良好伙伴。

目标消费者。你要把这个信息传播给什么人？你的目标是哪些产品用户？界定目标受众要尽可能具体，不能光用人口统计数据表示。他们有什么心理特征、生活方式和态度？你能勾画出你试图说服的消费者的轮廓吗？红牛的消费者是一般的碳酸饮料使用者、原汁饮料使用者还是功能性饮料使用者？是20多岁，还是年纪更大的消费者？你要面对的是持何种具体态度的消费者？他们在生活中存在着哪些让他们感到困惑的事情？他们如何处理这些事情？

竞争态势。你的产品在市场中居于什么地位？人们现在对你的产品看法如何？你希望人们对它持何种看法？它应该在什么产品类别中竞争？它的竞争对手是谁？包括直接和间接的。例如，红牛主要跟百事可乐、可口可乐等软饮料竞争，还是跟果汁饮料竞争？或者因为含酒精饮料供应量减少，消费者正在寻找替代品，在这种情况下，啤酒、葡萄酒和其他酒精饮料是否也成了它的竞争对手？红牛是否应该自己开创一个产品类别来进行销售和推广？一种产品属于什么类别决定了这个产品必须跟什么样的产品展开竞争，这是广告创意策略的重要组成部分。

主要消费实惠。如果说目标是你的愿望，实惠则是从消费者的观点看问题：你的产品能提供什么实惠，它能解决什么问题？这是你制定策略的重点。别忘了我们的问题可能是多种多样的，比如产品问题，我们需要能够制止牙龈出血的牙膏，需要不会造成空气污染和身体伤害的清洁剂，需要味道不错的饼干。比如消费者问题，我们希望能更好地享受我们的业余时间，我们需要更多的爱和尊重，我们都想取得成功。对于红牛来说，我们应该说服消费者它是渴望运动人群最适宜的补充身体所需各种成分的饮料，也可以让人们相信喝红牛是成功人士应对紧张工作的最好方式。

论据。如果你承诺了一种实惠，你的证据是什么？如果你的产品能解决一个问题，它是如何解决的？靠提高蛋白质？靠一个特殊开关？靠含薄荷糖的喷雾剂？靠性诉求？靠德国工艺？没有证据作为支持，你无法让人们相信任何东西。这种证据有时也称为理由。

除此之外，在广告创意策略报告中还可以包括广告基调和法规限制两个方面。广告基调是指在你的想象中，这次广告创意是一种什么感觉？如梦如幻，一本正经，咄咄逼人的，还是即兴式的？广告确立的基调非常关键，广告的意思主要靠基调来传达。你想用什么样的基调来传达？采用什么样的态度对你的产品、目标和广告问题最合适？这是广告创意值得关注的问题。在广告创意报告中还应该明确法律法规的限制。美国广告人韦斯特·布鲁克在他的创意策略报告中写道："各种限制或者明确理解创意方向所必需的客户资料，包括法律上的注意事项、成功的广告口号、宣传产品的广告标题、可接受的演员类型和公司标签等。"①我们通常不会从零开始，而是必须面对业已存在的广告和品牌形象。我们的现实任务通常是，在不破坏消

① 乔治·费尔顿.广告创意与文案[M].陈安全，译.北京：中国人民大学出版社，2005：58.

费者对产品现有看法的前提下,把原有广告纳入我们的轨道,朝着我们的目标转变,而且尽可能做到天衣无缝。

三、决定广告表现策略

在真正做广告之前,我们先来看一看广告人可以使用的表现策略到底有多少种,这不是为了从中挑选一种出来,而是为了我们先对这些可资利用的推销产品的方法有个总体的把握。广告是为了向消费者推销产品的,那么我们在广告创意中就可以从两个方面来进行操作,一是通过突出消费者的方式来达到我们的目的,二是通过突出产品的方式来进行广告创意。前者通过展示情感因素来实现,我们称之为情感策略;后者通过传播理性信息来说服普通消费人群,我们称之为理性策略。

1.情感策略

情感策略包括了幽默、恐惧、夸张、谐趣和荒诞等。

(1)幽默

当今社会市场经济高度发达,大量信息通过广告向社会传播,致使受众目不暇接,一定程度上已显现饱和状态,并在精神上产生了保护性抑制情绪。在这种情形下,广告创意采用幽默化策略,可有效缓解受众精神上的压抑情绪,消弭其对广告的逆反心理。这是在一种轻松、快乐、谐趣的氛围中自然而然地接受广告所传递的商业信息,并完成对商品的认识、记忆、选择和决策的思维过程。

幽默广告具有三个特征:第一为含蓄性。广告将其所意欲表现的意义隐藏起来,接收者必须透过表层的文字符号,才能在微笑之中领悟到它的"言外之意"。如荷兰一家旅行社的广告是"请飞往北极度蜜月吧,当地夜长24小时"。第二为深刻性。从纯艺术的角度看,幽默常常超越了一般的理性探求而带有哲学的沉思。虽然广告幽默的深刻性较纯艺术幽默要浅一些,但所达到的效果却不容置疑。这从法国交通警察给一辆满载复印机的大型货车上贴的告示就可清楚地看出。告示写道:“小心驾驶,阁下无法复印!”广告语不仅充满幽默意味,而且饱含深意。第三为温厚性。广告的宗旨在于说服消费者购买产品,它不应嘲讽自己的消费群体,更不能嘲笑有购买欲求的消费主体,而应该分外“和颜悦色”。如某饭店的广告:“请到这里用餐,否则你我都要挨饿了!”幽默之中洋溢着对顾客的关心之情。

1983 年,美国快餐品牌温迪为与麦当劳展开竞争,创意了一条名为“牛肉在哪里”的电视广告。该广告由著名影视明星克拉拉扮演一位风韵犹存但爱挑剔的老太太,她与另外两位老太太一起在一个类似麦当劳的快餐店吃午餐。开始时,她满怀期待地盯着桌上的汉堡包,撕开包装后却大惊失色:如此大的汉堡包,里面的牛肉饼竟只有指甲那么大。她左看右看,最后终于忍不住大声喊叫:“牛肉在哪里?!”此时,雄浑有力的画外音响起:“如果这三位老太太去温迪吃午餐,就不会发生找不到牛肉的情形了。”这则广告在消费者中引起了强烈反响,“牛肉在哪里”很快成为美国人的口头禅,连蒙代尔在竞选总统的演讲中都引用了这句话。该广告还荣获次年度的纽约国际广告 Clio 大奖。在这之后,温迪乘胜追击。1984 年,他们再与克拉拉合作,这次克拉拉扮演了一个耳聋的老太太,她在机场由于弄丢了返程入境卡而无法入关。她一面回答验关员没完没了的问题,一面惊慌失措地翻找自己的口袋,但是依然没能找到任何能证明自己是美国人的证件。最后她不耐烦了,对着验关员嚷嚷道:“你难道不认识我吗?我是广告大明星!”接着便加上这句家喻户晓的“牛肉在哪里”,验关员大吃一惊,一下子认出了这位老太太,破例让其入境。

幽默广告具有无穷的魅力。但真正要把这一策略运用好,必须遵循以下几条原则。第一,为产品而幽默。在对幽默广告进行广告效果测试时,经常出现这样的情况:当问及消费者对某个品牌的广告是否有印象时,他们往往无法肯定,但当进一步提醒他们广告中的幽默情节时,他们会恍然大悟,因此,消费者经常记住了幽默而淡忘了品牌;有的消费者则把两个竞争品牌的幽默情节张冠李戴。所以幽默必须与广告产品融为一体,并能因产品而异。第二,寓庄于谐,烘托主题。幽默化广告创意策略,主要是通过幽默这种艺术手段吸引观众的注意,让他们享受观赏的乐趣,并在此心情中认知广告的商品或服务。这里,幽默是一种表现手段,幽默本身并不是目的。我们所确立的主题、所推广的商品或服务才是真正的主角。因此,采用幽默化创意策略,不能为幽默而幽默,而是要寓庄于谐,不让幽默喧宾夺主,不让好笑的情节挤掉应传递的信息。第三,明确范围,注意分寸。尽管大众化的戏剧性幽默老少咸宜,但在广告中采用幽默化策略,却不一定人人都能接受,这涉及不同消费者对广告的认识以及消费者不同的信息接受习惯问题。对有的人来说,幽默是帮助理解与记忆的妙方,而对另一部分人来说,幽默可能需根据产品及目标消费者的不同进行权衡选择。第四,切忌平庸,不能太浅太露而流于庸俗。第五,切忌千篇一律,切忌将一切生活主题都拿来幽默,任何涉及死亡、残疾、中伤、横祸、灾难、痛苦等的内容,都不宜被当作笑料。

(2)恐惧

恐惧诉求是指通过特定的广告引起消费者尴尬、害怕、畏惧等情感体验,使消费者渴求一种解救,并被引向广告推荐的产品。广告主通过它来说服消费者,改变其态度与行为。恐惧广告多用于公益广告之中,因为公益广告主要以改变人们的行为模式和思想观念为目标。许多观念并不深奥,也不难接受,然而要人们在日常生活中奉行这些观念,可能并不那么容易。如保护野生动物虽已成为人们的共识,但食用野生动物的现象有增无减。面对如此严峻的形势,要大力倡导保护野生动物,运用和风细语、温情脉脉的劝说方式恐怕起不到多少作用。而运用恐惧诉求,将食用野生动物的危害淋漓尽致乃至夸张地表现出来,或许可以使人们受到更大的心灵震撼。

恐惧诱导广告要达到预期效果,还取决于诉求的适宜强度。施以不同强度的威胁,其说服效果很不相同。有时威胁太强烈,效果反而不明显,因为恐惧的诉求过于强烈，可能激发受众的防御心理，导致对面临的问题作出回避反应。如有的人寿保险广告对危险的诉求过于惨烈，令人反感。

恐惧诉求通常有理性伴随，需要巧妙地在设下"恐惧"之后，提供解除的方法，受众才会不知不觉地卷入其中。总之，恐惧诉求有三大原则：第一，在恐惧诱导中不能过分强化恐怖气氛，这是人们经常会犯的一大偏失，太强的刺激只会丧失感召力；第二，采用较新而易为人们接受的方式进行诉求，扣住产品特性与功能，才能达到诱导目的；第三，提示恐惧的解除方法时要诚恳，要富有关怀之心。

恐惧诉求的广告比较具有代表性的是五花八门的禁烟、酒驾类广告，例如图 4-1 和 4-2。

图 4-1　吸烟有害健康广告

图 4-2　吸烟有害健康广告

(3)夸张

在广告中，把要着力推荐介绍的商品的某种特性，通过极度夸张的手法表现出来，既强化了特定的诉求，又因夸张带来的良好传递性提升了广告效果。夸张的策略可在多个层面使用。

第一,功能特点夸张。不是直接地用毫无生气的词汇机械地介绍产品的性能,使广告变成呆板的产品说明书,而是借助形象生动的语言和夸张的方法,巧妙地展示产品的特点。如某吸尘器的平面广告:一位穿着小碎花长裙的女士在洗手间内惊慌失措,因为长裙被一股力量拽进了排水孔。真实原因是旁边的洗手间内使用了互通吸尘器,吸尘器的超强吸力把此洗手间女士的碎花长裙从排水孔中吸了进来。创意者细心地借用生活中的场景,将夸张手法和一个饶有趣味的情节结合起来,形象直观地表达出互通吸尘器超强的吸力。文案与画面配合默契,高度凝练,幽默风趣,使受众在开怀一笑中轻松会意了广告要传达的信息。

图 4-3 为 Povna Chasha 洗洁精广告。广告文案是 Fat no more(不再油腻),意指 Povna Chasha 洗洁精的去油腻能力非常强,用在长满肥膘的动物身上,动物瘦得就只剩下腱子肉了。

图 4-3　Povna Chasha 洗洁精广告之“猪篇”“鹅篇”

图 4-4 为贝立兹语言培训机构广告。广告诉求为:来了贝立兹,你就可以像当地人一样讲话。广告画面夸张生动,极具视觉冲击力。

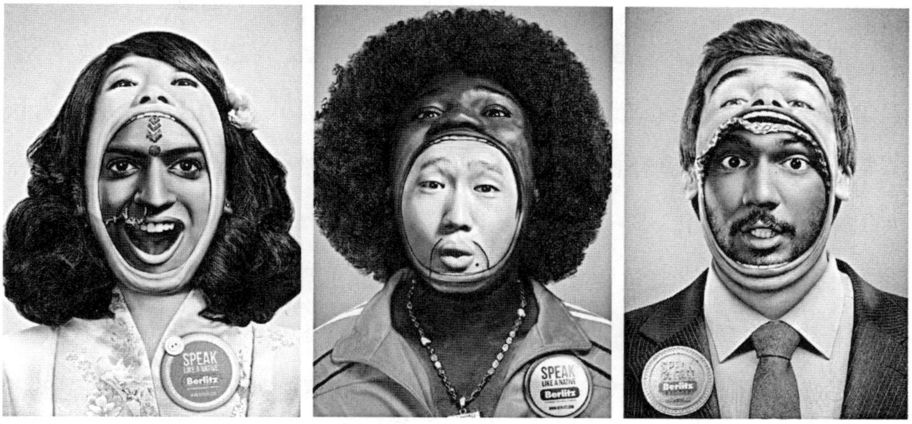

图 4-4　贝立兹语言培训机构广告

第二,产品业绩夸张。不是直接地宣传产品的市场覆盖率和市场占有率,也不直接宣传售后服务如何快捷周到,但又力图把这些信息准确地传达出去。如:“车到山前必有路,有路必有丰田车。”“无论你到何处,都能买到柯达。”“三人行必有我师,三人行必有我鞋。”(皮鞋广告)

第三,使用效果夸张。不是直接宣扬自己的产品如何有效,更不是用一大堆统计材料去证实使用效果,但夸张的结果却令人回味无穷,如:“往身上洒一点,任何事情都可能发生。”(香水广告)“在劳斯莱斯轿车以每小时 60 英里的速度行驶时,车里最大的声音来自于电子钟。”“不要对刚从这里走出来的姑娘调情,她很可能是你的外祖母。”(美容店广告)

第四,背离常理夸张。不是完全遵循思维逻辑或自然法则去构思广告,而是发挥反自然规律的想象力。如:“还不快去阿尔卑斯山玩玩,6 000年后就没了。”(旅游广告)“从 12 月 23 日起,大西洋将缩小 20%。”(航空公司广告)“创造第五季。”(空调广告)

第五,警示劝诫夸张。不直接宣传所要告诫的事项如何重要,而是把不听告诫所导致的后果表现得触目惊心。如:“请司机注意你的方向盘,本城一无医生,二无医院,三无药品。”“酒杯+方向盘=棺材。”

(4)谐趣

谐趣是指运用理性倒错、寓庄于谐的表现手法,制造风趣幽默效果,引起受众兴趣,并在此心态下认知广告主题的诉求方式。谐趣符合现代人快节奏压力下寻求心理轻松和平衡的精神追求,能给受众带来轻松愉快和令人玩味的心理情绪。

谐趣策略在创意过程中应注意几个问题。第一,要寓庄于谐,切忌离题。谐趣性表现一般有滑稽和幽默两类。滑稽类趣味性强,多表现于外形。幽默类趣味深远,多体味于内心。但无论哪类都不能为滑稽而滑稽,为幽默而幽默,而是要寓庄于谐。第二,要贴近受众的文化背景。几乎所有的谐趣广告,都有受众能否理解和趣味是否投合的问题。在这里,广告的文化背景十分重要。什么样的题材可以构成谐趣,这种谐趣是否为特定受众所青睐,因文化背景不同会存在较大差异。谐趣广告一定要在生活实践中选取受众喜闻乐见的形式进行创作,要表现得恰如其分、适宜得体,不能牵强造作。第三,形象要有美感内涵。广告是一种审美文化,谐趣的美学价值在于浓郁的趣味性。既要高雅健康,又要有味有趣。要杜绝庸俗低级情调,也要注意避免趣味不浓、过于平淡的倾向。而且为了适应现代消费者对谐趣的口味,广告适宜表现内涵丰富的幽默,不要用外在形式的滑稽感代替内在心理的幽默。第四,要追求出其不意而不媚俗。谐趣广告本身带着很强的功利性,要表达出使受众由衷喜悦的喜剧效果是很难的。现在许多喜剧作品矫揉造作、极力媚俗、有意引人发笑的做法极易引起人们的反感。谐趣创意要下很大功夫,熟练掌握喜剧规律,给受众带来出其不意、意味绵长的幽默感受。第五,标题、画面和文案互为补充,相得益彰。谐趣广告的表达手法往往比较曲折委婉,这就需要题、画、文密切配合,相互提示,使受众容易理解,感受深切。

(5)荒诞

荒诞是一种事实错位,其刺激是与人们常见的事物形象具有较大差异的极端状态，这种状态使人吃惊、诧异和激动。男人怀孕，这在生活中是不可能发生的，但广告人却借这种一反常态的事件，制造出了极佳的宣传效果。1978 年，英国家庭计划协会推出一则劝说公众计划生育的公益广告。画面上是一位大腹便便、精神沮丧的男子，看得出，他身怀六甲。这样的男性形象让人忍俊不禁。再看看广告语“如果怀孕的是你，你是否会更小心点呢？”面对这则广告，人们在发笑的同时会禁不住思考广告中提到的严肃问题。这种寓庄于谐的说服方式，要比那种板起面孔的说教高明得多。

荒诞广告既违反了常规又合乎逻辑，以其突出的促销效果受到广告人的高度重视。但创作荒诞广告，首先必须弄清目标市场和目标受众中是否存在接受荒诞诉求的社会心理基础。本田的荒诞广告可以在美国受众中大行其道，关键在于美国公众，尤其是年青一代易于接受，能产生情感共鸣。中央电视台曾播出过国内某感冒灵的广告，产品用布蒙着，各种昆虫、动物从旁边爬过，足球飞出画面，字幕上显示出：“蝴蝶会感冒吗？金鱼会感冒吗？那么企鹅呢……”最后一小动物将布扯去，露出产品真面目。这是一则典型的荒诞广告，但观众却不买账。同为中华文化圈，在台湾受人热捧的微波炉广告“我家的猫自己煮了一条鱼哎”，放到天津发布时得到的不是消费者的会心一笑，而是愤怒和抵制。这说明荒诞的创意策略必须仔细考虑消费者的接受层次和文化习惯，否则适得其反。

(6)悬念

悬念是利用语言刺激来达到注意目的的一种广告形式，又称为猜谜式广告。悬念广告的信息不是一次性的，而是通过系列广告，由粗至细、由部分到整体逐渐完善和充实的。

在报刊广告中，悬念广告经常大片留白，引起受众的好奇心。在好奇心的驱使下，受众可能更加注意去寻找信息或信息的线索，实现无意注意向有意注意的转化，并加深对已有信息的记忆。鉴于始发的悬念广告信息十分有限，根本不足以满足好奇心和求知欲，因而，受众就产生一种动机，不断关注该系列的下一次广告,并对该系列的广告信息表现出精细加工的努力。可见,悬念广告有利于受众对广告信息的认知活动。

悬念广告在使用时应注意几个问题。第一,悬念广告要针对产品特征恰当地展开,一个侧面、一个相关联想都可引出悬念。第二,由于悬念广告有一个设疑然后解疑的过程,要求广告具备一定的重复出现率或稳定保持期,以便人们仔细揣摩。第三,悬念广告在选择媒体时,一定要注意适于自身形式的连续性,不能给别人造成一种悬而不决的感觉。时间的延续也不宜太长,否则人们的兴趣在印象加深之前便已消退。第四,悬念广告还要注意其夸张和离奇不能完全摆脱产品的特性和广告诉求的目标。第五,广告在设计悬念时应尽量做到巧妙、自然,防止给人生硬或故弄玄虚之感。

2014 年,微博名人王自健、于嘉、飞鱼秀小飞和喻舟等纷纷表示收到了一份神奇的礼物:一张左右拼接的桌子。借由这张桌子,ThinkPad 开始了一系列的品牌营销:一张桌子,是一个人的工作和生活的投射,它也最能窥破主人的新想法——从一张桌子,正式开始“想点新的”。

悬念一:谁给我的奇怪礼物?

《今晚 80 后脱口秀》主持人王自健在他的微博上发布了一条博文,说某天突然收到这份大礼,却不知道是谁送的,也不知道为什么送。更奇怪的是,这份大礼的外形如此奇怪,像是个桌子,可又不仅仅是个桌子,左边有一个盆栽,右边则貌似是两个电子荧屏。不仅王自健,还有很多其他大 V,包括于嘉,飞鱼秀主持人小飞、喻舟等也在自己的微博上晒出了这个奇怪的礼物——一张奇形怪状的桌子。

悬念二:谁给我下的挑战书?

同一时间同一平台,包括丁丁张、李亚有鸭梨、营养师顾中一等在内的数十位网络红人晒出了匿名者寄来的挑战书,挑战书均以“2014 年,您能不能想点新的”结尾,以挑衅的语气对这些网络红人提出了质疑,引起了大量网友关注。

当这两个悬念在微博上持续发酵,讨论得热火朝天之时,1 月 9 日中午,ThinkPad 官方微博正式揭晓所有悬念(见图 4-5),原来王自健等 6 位名人的桌子是 ThinkPad 为他们量身定制的,并且展示出所有桌子的高清图片,讲述了为什么要给名人设计桌子的故事。从这些桌子来看,ThinkPad 颇具创意地将名人的不同生活侧面融合在一起,制造了多元化、新鲜有趣的效果。

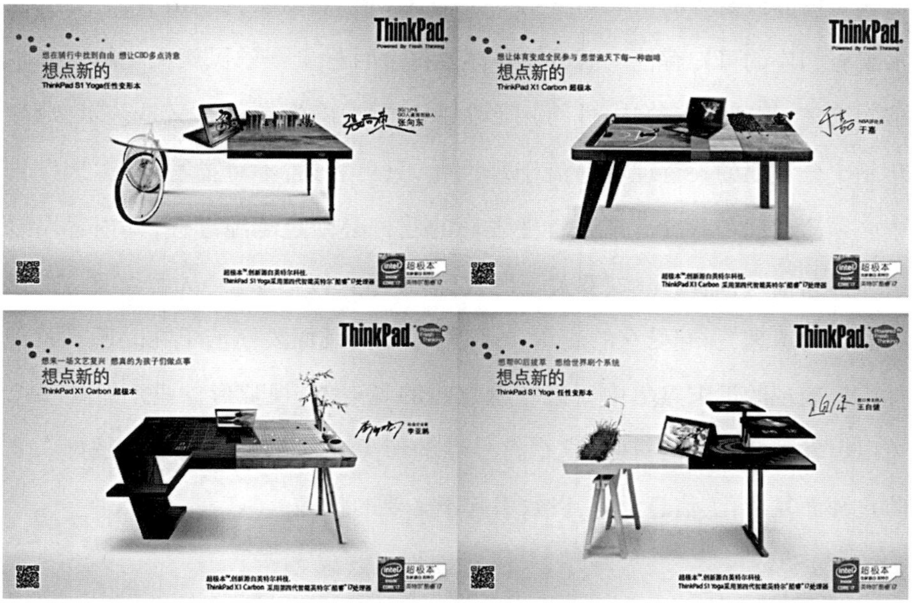

图 4-5　ThinkPad 系列广告

2.理性策略

理性策略包括通过哲理进行诉求、对比、证明、劝诱等。

(1)哲理诉求

哲理诉求是用一种简明的形象或文案将一个富有深刻思想的哲理或人生感悟展现给受众,让受众在接受哲理的过程中认识和感受商品。哲理诉求广告创意一般需注意以下几个问题。第一,哲理与指称对象要相关联。哲理诉求的目的在于引起受众的积极心理情绪,更好地认知商品,因此,广告形象所表达的哲理内涵应和指称对象有一定的内在联系,以便受众在更深刻的理性层面认知和理解指称对象，否则很容易使指称对象游离于广告之外，影响广告效果。第二，哲理与生活保持适度距离并有相应的知解性。哲理性必须有一定的思想深度，需要人们运用思维进行认知、分析和领悟。这样，就不能和生活离得太近。太近则会使人一目了然，失去哲理的探询性和深沉意味。但又不能距离生活现实太远、太抽象，以至于人们难以理解，影响对商品或劳务的认知和感受。因此，哲理广告既要与生活有适当距离，又要有相应的可知解性。而可知解性要符合目标受众的民族文化趣味和水准。第三，哲理要有韵味，并可用形象来描写。广告是科学又是艺术，形象化是十分重要的。哲理容易流于理性化，只可表述，不可描写，在哲理广告中必须超越这种状况。广告哲理表现的题材必须超越纯理性，其内容可以进行形象描写，运用比喻、双关等形式，尽量给人以形象感，从而说明一个意味深长的道理，引起受众的注意和兴趣。第四，画面要简洁单纯。所有哲理性广告表现的诉求点集中于某一有意味的观点上，视觉形象只不过是一个可以引发受众思维的符号，这个符号性的形象自然越简洁越单纯越好。要防止画面复杂化、信息泛化，以致引起不必要的歧义。

（2）劝诱

劝诱是一种历史悠久的直接劝说的广告表达方法。劝诱是劝说诱导受众接受广告意向，是用商品的功能和优点满足或引发受众的相应需求动机，促进认知和购买。这类广告的诉求是指称对象的功能特性，受众接受它需要一定的理性认知，尽管表现手段上可能采用一些感性渲染，但主要还是理性沟通。因此，将其归入理性诉求比较适宜。在现代广告中直接劝说和提醒很难引起受众的注意和兴趣，一般都在创意上下很大功夫。劝诱广告诉求要注意突出充分的理由，要有准确的广告定位，以感受和体验感染受众，诚挚可信，劝诱语言点到为止等。

（3）告白

告白是直接向消费者诉说广告产品与服务的情况、特性及对消费者的利益点，动员消费者购买的广告诉求方式。有些产品如药品、化学制品及一些耐用日用品，消费者十分关注其产品的功效，故其广告表现手法多采用告白的方式，直接向目标消费者诉说广告产品的利益点。

告白诉求使用时应注意三点。一是广告告白向消费者展示的利益和好处越明显，与其他同类商品的比较越突出，消费者就越容易接受广告的内容。二是广告告白要求诉求内容绝对真实、证据具有可查性，所以可以引用专家权威的评价、名人的代言、用户的反馈以及数据的描述，这些实证的加入会增强信任度。三是告白诉求一般不强求艺术魅力，但也要讲一点技巧，在适应受众对某些产品需要了解、比较和思考决断的心理时，应用巧妙的表现方法会增强告白的效果。

（4）对比

产品对比广告一般有三种类型，即两种或多种品牌的暗比、两种或多种品牌指名道姓的明比、与想象出来的对手相比较。对比广告的优点有很多。首先，对比广告通常是在调查研究的基础上制作出来的，对比的内容是消费者较为关心的，因此广告容易引起消费者的重视。其次，知名度低、宣传费用不甚充裕或者不为人所知的新品牌，通过直接与知名度高、财力雄厚的老品牌作对比，将它的过人之处展示出来，可以达到迅速打开市场销路的目的；最后，对比广告提供的信息一般经过充分论证，它有利于引导消费者直接作出品牌选择，而不必再费力寻找其他信息。

当然，对比广告也有一些不足之处，如对比广告提到其他品牌的产品名称，相当于给别人做免费宣传，帮助竞争对手提高了品牌知名度；另外，一般消费者都有同情弱者的心理，当两种品牌处于明显优劣对比的地位时，出于同情心，消费者可能以处于劣势的品牌为选择对象。尤其是在产品品质差异不大的情况下，劣势品牌更可能得到人们的同情；最后，对比广告往往是以己之优点，比他人之弱点，而不是对产品的各个方面进行全面的对比，因而会给消费者以不客观、不全面的印象，这样反而有利于被对比的竞争品牌。因此在使用对比广告时，必须谨慎小心，只能在本公司产品确实具有固定的优点、竞争品牌比本品牌在市场占有率上有优势以及对应受众多是品牌忠诚程度比较低的消费者时才可以使用。

(5)类比

类比是将性质、特点在某些方面相同或相近的不同事物加以比较，从而得出结论的一种表现方法。广告的类比表达是用消费者熟知的形象，来比喻广告商品的形象或特长。如雪糕取名为北冰洋，意指与其冰冷的特性类似。芭蕾舞中旋转的动作被用作洗衣机洗涤桶旋转的类比，利用的是形貌上的类似。

金霸王电池的一则平面广告《插座篇》，广告语为“金霸王，强劲电力之源”，在电池的负极上，是一个插座的造型，用插座接出的源源不断的交流电来类比金霸王电池的强劲持久动力，极富震憾力和宣传力。邦迪创可贴一则平面广告的整个画面是一个半拉开的拉链，在画面的一角为邦迪创可贴的外包装，这则广告用拉链的迅速而严密的咬合，类比邦迪创可贴可使伤口迅速愈合的良好功效，构图简洁明了，主题突出，给人以强烈的视觉冲击力。

(6)证明

证明性广告主要是以有力的证据来让消费者确信产品质量的真实性、可靠性。证明的方法可分为两类。一类是感性证明，即借用一定事物，从理性的角度，感性的表达来证明产品的功效。如圣象地板广告《踢踏舞篇》，创意是一舞者在地板上跳踢踏舞，舞者跳得鞋都磨穿了，但地板却完好如初。这略带夸张的表现方法给人的第一感觉是真实、自然、令人信服。一类是纯理性论证，就是当众做实验，或者借助电视现场直播所做的广告。多年前，一位油漆生产商为了证明自己生产的油漆环保无毒，竟然在展销会的现场当场喝下了自己的产品。

(7)双面论证

广告在充分肯定产品优点的同时，也适当地暴露产品的不足之处，这种手段称为双面论证。双面论证如能得到恰当的使用,可以获得意想不到的效果。例如,日本美津浓服装的广告说到产品设计精美,颜色漂亮,但很遗憾仍然无法使每一种颜色都永不褪色。广告诚恳,让人觉得实在踏实。双面论证效果如何主要取决于四个因素。第一,取决于消费者的已有印象。当消费者对产品有良好的印象时,采用双面论证就没有必要,而当消费者对品牌印象不佳时,适当地暴露品牌的缺点能够消除他们的抵触心理,让他们接受有利于品牌的看法。第二,取决于消费者的教育水平。消费者教育水平越高,越容易接受双面论证,反之则不然。第三,取决于消费者对品牌的知识经验。消费者对品牌了如指掌时,广告适宜诉诸同情心理、逆反心理的双面论证方法。反之,当消费者对品牌不了解或了解不多时,则应多提供单方面的有利信息,以促使他们作出较好的认知评价。第四,取决于传者的可信度。品牌信誉较好时宜用单面论证,品牌在消费者中信誉度不太高时,适宜采用双面论证。

第三节　广告创意的表现

一、广告表现的戏剧性

在广告日益成为传播产品与品牌信息、吸引消费者关注并购买产品的重要手段的今天,广告主越来越愿意将营销费用投入到广告传播和推广中去,但大量广告费用的投入却未必能带来直接的产品销量和市场占有率的提高。一厢情愿的倾泻式广告实际上并不能很好地占有消费者的心理阵地,很多广告作品甚至没能在消费者心中留下任何印记,更别说影响消费者的思维观念和生活方式了。解读产品和品牌所面临的消费者个体特征,深入、细致的消费者洞察必须先行。

广告创作的戏剧性就是在这一背景下能够使消费者识别、理解和记忆广告诉求，从而激发消费欲望的新策略。戏剧性是文学和戏剧戏曲创作的通用术语，它指的是在叙事作品中，通过营造鲜明的环境氛围，创设激烈的矛盾冲突，展开曲折离奇的故事情节，最后展现给读者或观众情理之中、意料之外的结果。戏剧性在文学和戏剧创作中被奉为圭臬，它能成功地抓住读者或观众的心理情绪，从开始就调动起受众兴奋与猎奇情绪，并始终将受众牢牢吸引在预设的情节轨迹和文本氛围中。从文学题材的演变来看，远古的神话传说、魏晋的志人志怪、唐代传奇、宋元话本以及明清小说无不具备这样的传播素质。戏剧性往往是同大众、娱乐、情趣等紧密联系在一起的，它满足的是广大受众的新奇、互动、愉悦的心理需求和行为需求。

而当下无疑就是这样一个娱乐至上的时代。从史实看，所谓精神产物的消遣或娱乐往往都能在广大社会族群中掀起巨大的反响，板起面孔的说教虽有传播效果，但在个性张扬的年代里，这种传播手段具有天然的劣根性和弱势，而娱乐的吸引和号召则是多数人不能也不愿屏蔽和抵抗的。于是戏剧性在各个传播层面上，尤其是在商业传播中延展开来。

广告创作活动中的戏剧性遵循一个共同的娱乐本性，其目的在于引起接收对象和消费者足够的重视和注意，以便产生记忆、认同，最终促使消费。这一脉络是非常清晰和明确的，但其操作方式和手段却是多种多样的。广告创意的戏剧性其实更多的是广告内容和情节本身的戏剧性。故事性的广告情节设计比单纯的产品信息诉说往往具有更好的传播效果，这也是很多广告作品抛弃理性陈述，试图去讲一个完整的或优美震撼或曲折跌宕的故事的主要原因。这类广告作品多将产品或品牌作为引发故事或维持故事发展、结果的重要元素来看待，将目标消费人群的典型形象作为故事的主人公，以有头有尾的情节铺展来传达产品或品牌的形象。如摩托罗拉“心语剧场”系列广告。

戏剧性的创意有时候也未必就一定要有曲折和离奇的情节，简单的故事中渗透趣味性元素组合也可以取得令人倍感新意、萌生了解它接触它的强烈意愿的效果。如获得2009年戛纳广告节全场大奖的吉百利巧克力的广告,创意人员让一只大猩猩成为广告片主角,猩猩随着音乐扭动身躯,并敲打面前的架子鼓等乐器。猩猩的伴奏同歌曲配合得天衣无缝,让人叹为观止。正是这跟巧克力貌似毫无关系的广告创意一举俘获了戛纳广告节评委的心,也俘获了全球观众的心。本届广告节评委之一、日本电通公司创意总监 Yuka Tsukada 女士甚至表示,她并没有看懂这个广告的诉求和意义,但这并不影响她对这只猩猩、这支广告片以及吉百利巧克力的热爱和追捧。新西兰政府和部分民众甚至因为邻国澳大利亚播放了这则广告但本国没有播放,而要求吉百利在本国投放广告。

福特福克斯的"心精彩才能活得精彩"系列广告也深谙此道,三支广告片分别展示了"用大楼窗户的灯光玩俄罗斯方块""用手机和座机电话的按键音弹奏美妙的乐曲"以及"玩具汽车高速运行、敲击汽水瓶发出美妙声音"等生活中一些有趣而奇妙的场景,这些场景既满足了消费者和广告对象的猎奇心理,引起了他们对于广告本身以及广告背后的产品和品牌的兴趣,同时又很好地体现了广告的诉求主题——只要心中充满了乐观向上的情绪,那么生活就会变得精彩无比。

除了创意内容本身的戏剧性外,还存在广告形式和广告传播的戏剧性。形式的戏剧性是指广告的表现形式引人注意的特点。平面广告作品的形式无外乎线条、色彩和肌理,声像广告的形式则更为复杂,包括了画面、演员、音乐、音响、长短等。许多平面和户外广告都试图突破单一的平面二维形式,从立体三维和互动的角度传达信息。传播的戏剧性更多的是指传播方式和媒介形式的出人意料和引人入胜。关于广告形式与广告传播的戏剧性,我们将在第五章中进行详细的阐述。

二、平面广告的设计表现

平面广告包括报纸、杂志、样本册、户外广告、直邮广告等类型。平面广告在设计制作时要注意从文案、插图、标志、色彩、字体、构图、编排等多个方面进行构思和设计，以达到更好的传播效果。

1.平面广告设计表现

平面广告除了在视觉上给人一种美的享受外，更重要的是向广大消费者传达信息和理念，因此在设计平面广告时，不单要注重视觉上的美观，更应该考虑信息的传达效率。

标题是表达广告主题的短句，在平面广告表现中起画龙点睛的作用，是广告文案最重要的部分。标题经常采用文学化的手法，以生动精彩的语言和形象夸张的手法来唤起消费者的购买欲望。标题在撰写上一般要求简洁明了、易懂易记、概括力强，可以是一个完整的句子，也可以是只用一两个字的短语。标题在设计上一般采用基本字体，或略加变化，但不宜太过花哨，要力求醒目、易读，符合广告的表现意图。标题文字的形式要有一定的象征意义，粗壮有力的黑体给人厚重之感，适用于电器和轻工产品；圆头黑体带有曲线，适宜妇女和儿童的商品；端庄敦厚的老宋体，用于传统商品标志，稳重而带有历史感；典雅秀丽的新宋，适用于服装、化妆品；而斜体字则能给画面带来动感。标题在整个版面上应该处于最醒目的位置，应注意配合插图造型的需要，运用视觉引导，使读者的视线从标题自然地向插图、正文转移。

标题从形式上可分为引题、正题、副题三类。引题起提示消费者的作用，用于抓住消费者的注意力，撰写时可以充满噱头；正题是标题的核心，重点介绍广告的商品和广告主题，撰写时要实实在在，紧扣商品的有关特点和属性；副标题主要起补充和解释的作用。

正文是体现广告内容的主体部分，是对广告标题的具体阐述。正文要通俗易懂、内容真实、文笔流畅。有的正文利用专家的证明和名人的推荐，有的正文则表现商品的销售成绩和获奖情况，有的则讲述关于商品的使用体验和消费故事，不一而足。正文一般采用比标题稍小的字体，常使用宋体、楷体等字体，编排上常安排在插图的左右或下方，以便于消费者阅读。

广告语也是广告文案的重要内容之一，它是传达商品或企业理念的一些短句，要求顺口易读，富有韵味和想象力，指向明确，有一定的口号性和警告性。对于企业来说，广告语一旦确定，一段时间内不宜随意改动。在字体设计方面，广告语多采用比较自由和洒脱的字体，更贴近生活，更易于持久传播，形成识别性。

广告文案还有一部分内容叫附文，即附属的文字，包括公司或企业的名称、联系方式、网址以及号召消费者从速购买的鼓动性话语等。公司名称和鼓动性的话语一般放置在整个版面下方较次要的位置，名称也可以和公司标志编排在一起。而地址、电话号码、网址等可安排在公司名称的下方或左右，在字体上采用较小的标准字体，如宋体、黑体等。

插图是用视觉艺术的手段来传达商品或服务信息，使消费者能够以更快、更直观的方式来接收信息，让消费者留下更深刻的印象。插图内容要突出商品或服务的个性，通俗易懂、简洁明快，有强烈的视觉效果。一般插图围绕着标题和正文展开，对标题起衬托作用。插图的表现手法有摄影、绘画等。在产品广告中经常用摄影的形式来体现，以加强广告的真实感。而绘画多是以超现实的形式给人一种悬念，或是一种意念，营造一种理想的气氛。

标志也是平面广告中重要的表现元素。标志是消费者借以识别商品的主要视觉元素，是商品质量和企业信誉的象征。在平面设计中，标志不是广告版面的装饰物，而是重要的构成元素，在整个版面设计中，标志造型最单纯、最简洁，视觉效果最强烈，在一瞬间就能识别，并能给消费者留下深刻印象。标志在设计上要求造型简洁、立意准确、具有个性，并容易识别。

色彩是吸引人视觉的第一关键所在,也是一幅广告表现形式的重点元素。有个性的色彩表现往往更能抓住消费者的视线。色彩结合具体的形象,通过运用不同的色调,让观众产生不同的生理反应和心理联想,树立牢固的商品形象,产生悦目的亲切感,激发和增进消费者的购买欲望。色彩不是孤立存在的,它必须既能体现商品的质感、特色,又能美化和装饰广告版面,同时要与环境和消费者的欣赏习惯等相适应,还要考虑到读者远、近、大、小的视觉变化规律,使整个广告富于美感。

平面广告设计的色彩主要是以企业标准色、商品形象色或季节的象征色、流行色等作为主色调,采用较强的明度、纯度和色相对比,突出画面形象和底色的对应关系,突出广告画面和周围环境的对比,以增强广告的视觉效果。在色彩运用上还必须考虑到它的象征意义,如红色是强有力的色彩,能引起肌肉的兴奋,代表了激情和冲动;绿色具中性特点,是和平色,意味着自然美,有宁静和生机之感,能衬托多种颜色而达到和谐。在平面广告设计中充分考虑色彩的象征意义能更好地增加广告作品的内涵,更准确地传达商品的信息,提升广告效果。

在构图和编排上,平面广告一定要注意平衡感,可采用上下、左右等对称平衡的原则,对于整个广告空间的比例分割,如长宽比例、大小比例、彩色和非彩色的比例以及深浅颜色的比例也要多加注意。广告设计还要有整体感,要合理分配好引题、正题、副题、附文、插图、广告语等内容的比例大小、位置关系以及篇幅多少,以保持视觉和谐与信息流动的合理。在这些内容中,还要突出一个在广告表现中能起统领作用的元素,用它来突出商品的主体信息。

以上只是平面广告设计的一般规律的笼统阐述,广告运作所面临的市场环境并不是一成不变的。当面对不同的消费者、不同的产品生命周期以及不同的竞争对手时,平面广告设计应该针对具体情况采用不同的设计元素,考虑不同的设计风格。

2.平面广告制作流程

由广告主召开定向说明会，向广告设计人员传达本企业和产品的相关信息；广告创意人员召开头脑风暴会议，进行策划创意；根据创意内容创作平面广告草稿；对草稿进行版面综合设计，对文案、图形、标志等内容进行初步安排，输出广告设计大样和小样；召开广告主、设计创意人员、客户人员参加的提案会，向广告主提交创意和初步设计；反复修改，并通过提案后，设计人员确定设计最终稿；设计人员排版，并完成清样，提交广告主最后同意；进行制版和校对工作；印刷并最终发布。

三、音频广告的设计表现

音频媒体是以声音为主要传播媒介的媒体类型，音频广告多以广播广告的形式出现。广播广告是听的艺术。“听”的特性使得广播广告具有强烈的交流感和意境感，可以使听众保持流动收听与兼作性，同时，技术的复杂性和硬件设施要求低使得广播广告覆盖广泛，所以广播广告普遍投入较低，而回报较高。

1.广播广告设计表现

广播广告包括人声、音乐和音效三个基本要素。人声主要指人的语言、歌声、情绪声、呼吸声、人群嘈杂声、交谈声等。广播广告中的声音是没有形象的口头语言，要注意与文字表达语言的区别：少使用倒装句和缩略语，要口语化，可增加地方色彩，用词避免混淆，要简洁明快，注意节奏和韵律，适当重复重要信息，可运用多种修辞手法。音乐带有强烈的情绪，能够超越种族、年龄和地区的限制。使用具有特色的音乐，可以增强产品信息的可识别性；比较熟悉的音乐可以拉近和受众的距离；合理运用音乐，可以体现出广告所希望表达的个性、情绪和感觉。要区别使用背景音乐和广告歌曲。除了人声和音乐以外的其他声音可以归属为音响，运用音响要做到有特色、模拟真实准确、与语言和音乐紧密配合等。

赛立信媒介研究2009年调查显示，在广播广告三要素中最能令听众留下深刻印象的是广告词，即人的声音。在“能够令您留下深刻印象的广告内容”的问题中，选择“广告词精彩”的最多，占到40%；其次为“播放次数多”，占到35%左右；第三位是“广告信息符合需要”，约有27%的人选择；“广告词新颖”也占到了19%。一个好的广告词，能够令听众久久不会忘怀，掷千金寻觅广告语的做法也显示了广告客户对广播广告精品的需求。好的广告词需要与广告商品信息紧密结合，因为听众只关注与其需求有关的信息。只有在广告商品众多的信息中提炼与听众息息相关的关键信息，才能吸引听众的注意力，并且维持听众对整个广告的关注度，从而实现广告的效果。

2.广播广告设计制作流程

同平面广告一样，广播广告也要经过前期的策划与创意阶段，如召开定向说明会，明确创意与设计要求；进行广告运作与创意，撰写广播广告脚本；召开提案会，通过脚本创意；之后，再选择演播人员、收集效果音、进行音乐制作；然后进入录音棚，预演并正式录音；最后进行制作合成。制作合成是将语言、音乐、音效通过一定的技术手段，制作成一个完整的可播放的广告节目，这是一个技术和艺术结合的过程。制作合成前，创意设计人员要对声音的层次结构、音量控制、节奏把握、中间衔接有一个整体的构思，要让整条广告协调统一，流畅自然，要保证语言清晰，再通过多种技术手段让广告更动听，如此制作合成的广播广告就可以复制播出了。

四、影视广告的设计表现

电影电视是综合运用声、光、电技术的传播媒介，它在传播的感染力和影响力上比报纸和广播强许多。电视的内容丰富多彩，表现手法也多种多样，艺术性最强，同时感染力和渗透力也很高。影视广告能够巧妙地将广告信息融入感人的形象和真挚的情节中，通过清新的画面、优美的音乐和独特的技巧，用艺术的形式同时诉诸观众的听觉和视觉，能给观众留下深刻的印象。

1.影视广告设计表现

影视广告要求在有限的时间内介绍广告内容，而且要有实际宣传效果，因此特别强调制作艺术的运用。为了提高影视广告的艺术水平，在操作上应注意以下几点要求：

影视广告的台词要简短、精练和口语化。影视广告虽然是一种艺术，但是贴近生活，没有深奥之感，因此它所需要的台词，如解说、画外音等都强调生活气息。事实上，也只有贴近生活的日常化用语，加上富有节奏感的表达，才能真正吸引公众并影响公众。

影视广告的字幕要突出而醒目。广告字幕就是屏幕上直接打出的文字，一般是企业名称、品牌名称、广告标题或标语等。制作影视广告字幕时既要考虑画面要求，又要注意字体、大小、粗细方面的设计和排列，力求小而精、鲜明醒目。

影视广告画面要力求表演化和动作化，以明快的运动形式达到形声结合，制造情节效果、舞蹈效果和戏剧效果。画面拍摄注意不同景别所表达的不同含义，同时在构图、影调等方面体现广告主题和创意需要。尤其是色彩的设计要符合整体广告宣传的需求，要强调电视广告的视觉冲击力，借助色彩提升广告主题的影响力。

影视广告音乐要美妙而富有节奏感，力求既悦耳动听、烘托意境，又能调动人的动作欲望，强烈刺激公众的感觉系统。

影视广告的故事情节一般围绕广告主题内容，通过若干个连续的活动画面与配音、旁白表现出来。可以根据广告主题和情节需要，选用特定的人物角色，如明星、专家、企业经营者、消费者代表，或者选择动物或动画角色来演示广告内容。

2.影视广告制作流程

广告公司影视广告制作的一般流程是:召开定向说明会,确定电视广告创意设计的背景和基本要求;创意部门进行策划创意,制作电视广告脚本和故事板,向广告主提案;当创意得到确认,并获准进入拍摄阶段时,创意部门将广告脚本及提交给客户的故事板呈递给制作部,并就广告片的长度、规格、交片日期、目的、任务、情节、创意点、气氛和禁忌等做必要的书面说明,以帮助制作部理解广告片的创意背景、目标对象、创意原点及表现风格等,同时要求制作部在限定的时间内呈交估价和制作日程表;当制作部门收到脚本说明之后,将广告制作方案及相应的价格呈报给客户部,供客户确认。报价包括了拍摄准备、拍摄器材、拍摄场地、拍摄置景、拍摄道具、拍摄服装、摄制组(导演、制片人、摄影师、灯光师、美术、化妆师、服装师、造型师、演员等)、电力、转磁、音乐、剪辑、特技、二维及三维制作、配音及合成等制作费、制作公司利润、税金等,并附制作日程表。

客户确认报价后,由客户、客户部门、制作部门签订具体的制作合同,然后根据合同和最后确认的制作日程表,召开第一次制作准备会。在此期间,制作部门将就制作脚本、导演阐述、灯光影调、音乐样本、布景方案、演员试镜、演员造型、道具、服装等有关广告片拍摄的所有细节进行全面的准备。在制作准备会上,由制作部门就广告影片拍摄中的各个细节向客户呈报,并说明理由。通常制作部门会提报不止一套有关广告片拍摄的细节内容供客户选择,最终一一确认,作为之后拍片的基础依据。如果某些部分在此次会议上无法确认,则在时间允许的前提下安排另一次制作准备会直到最终确认。因此,制作准备会召开的次数通常是不确定的。

制作部门召开最后的制作准备会,就未能确认的所有方面,由客户、客户部门和制作部门共同协商出可以执行的方案。在进入正式拍摄之前,制作部门的制片人员对最终制作准备会上确定的各个细节进行最后的确认和检视,确保广告片的拍摄完全按照计划顺利执行。其中尤其需要注意的是场地、置景、演员、特殊镜头等方面。

按照最终制作准备会的决议，拍摄工作在安排好的时间、地点由摄制组按照拍摄脚本进行。通常制片人员会联络客户和客户部门的客户代表、有关创作人员等参加拍摄。具体拍摄内容的先后或按照拍摄脚本镜头顺序进行，或按照导演拍摄经验和作业习惯进行。导演通常在拍摄过程中会多拍摄一些脚本中没有的内容，或者相同内容多拍几遍。

拍摄完成后将进行电影胶片的洗印，如果是磁带，将拍摄内容转制到剪辑设备上就可以了。一般在电脑上就可以完成剪辑工作。初剪阶段，导演会将拍摄素材按照脚本的顺序拼接起来，剪辑成一个没有视觉特效、没有旁白和音乐的版本。客户对初剪版本认可后，就进入正式剪辑阶段，这一阶段也被称为精剪。精剪时要根据客户对初剪版本的意见进行修改，然后将特技部分的工作合成到广告片中。最后为广告片添加乐曲、录制旁白和对白，将以上所有元素的音量调整至适合的大小，并合成在一起。这一步骤完成后，广告片就制作完成了。制作完成的广告片经过广告主确认后，就可以复制播出了。

思考题：

1.一个有效的广告战略包括哪几方面的内容？试举例说明。

2.请运用消费者描述的方法，分析最新款苹果手机的消费者。

3.请举例说明创意策略报告的内容，可自由设定某款产品。

4.请分析说明广告的表现策略有哪些，并以其中两种策略为例进行阐述。

第五章　广告媒体策划与创意

广告媒体是传播广告信息的物质载体，凡是能在广告主和广告对象之间起到媒介和载体作用的物质都可以成为广告媒体。广告媒体的主要作用在于传递信息，帮助企业和个人实现推销、宣传的目的。对于广告运作人员来说，广告媒体策划主要是了解各广告媒体的特征，衡量各广告媒体的优势和劣势，然后根据广告目标选择合适的媒体形式传达广告信息的过程。广告运作活动中经常使用的广告媒体包括报纸、杂志、广播、电视、互联网、户外媒体、影院媒体、交通媒体等。

第一节　传统广告媒体

传统广告媒体主要指报纸、杂志、广播和电视。传统广告媒体是广告策划经常采用的媒体形式，也曾是广告营业额的主要来源。但近年来，四者每年的广告花费额（以广告刊例价为准）占全部媒体广告花费的比例有越来越低的趋势。中国社科院2016年5月发布的《新媒体蓝皮书：中国新媒体发展报告 No.7（2016）》统计数据显示，2015年广电报刊四大传统媒体行业的广告之和为1 743.53亿元，其中电视广告收入为

1 219.69亿元，同比下跌4.6%；报纸为324.08亿元，同比下跌35.4%；杂志为65.46亿元，同比下跌19.8%，广播为134.30亿元，同比上涨1.1%；而2015年中国互联网广告市场规模达2 096.7亿元，同比增长36.1%；四大媒体广告规模明显低于互联网广告市场的规模。

一、报纸媒介

报纸是最早出现的大众传播媒介，虽然随着电视媒介的发展，报纸的影响力受到了一定的冲击，但时至今日，报纸仍然是重要的广告媒介之一。

1.报纸媒介的种类

按报纸所属区域范围分，可分为全国性报纸、省级报纸和地方性报纸三类。全国性报纸指的是以全国范围内新近发生的重大时事和要闻为传播内容的报纸。省级报纸指的是以全省范围内新近发生的重大时事和要闻为传播内容的报纸。地方性报纸指的是以地区、县市范围内新近发生的重大时事和要闻为传播内容的报纸。

按报纸传播信息领域分，可分为时政、经济、娱乐、法制、体育、生活六类。时政类报纸指报道全国以及国际时事政治和世界各国政治局势发展动态的报纸。经济类报纸指报道全国以及国际经济发展动态，经济领域新情况、新现象和新问题的报纸。娱乐类报纸指报道全国以及世界各地娱乐活动、明星动态等信息的报纸。法制类报纸指报道全国以及国际法制发展变化情况和问题的报纸。体育类报纸指报道全国以及国际体坛盛会、体育界发展动态的报纸。生活服务类报纸指以人民群众日常生活中衣、食、住、行等需求为报道对象，以提高人们的物质和精神文化生活水平为目的的报纸。

从办报方针来分，可分为党报、都市报、行业报三类。党报指党和政府指导各项工作的重要舆论工具，是旨在教育群众、引导社会舆论和维护政府权威及其良好形象的报纸，是政府政治系统的有机组成部分。都市类报纸指对都市和城市中新近发生的事实进行报道的报纸。行业性报纸指对专门领域、专门行业内新近发生的事实进行报道的报纸。

2.报纸媒介的传播特性和受众特性

报纸是视觉媒介，通过印刷在平面纸张上的文字、图片、色彩、版面设计等符号传递信息。利用视觉供人阅读，是报纸媒介最大的特点，是与其他媒介相区别的最鲜明特征，其他特点都是以这一特点为基础的。

报纸的保存性强，信息固定持久，可以保留和重复阅读、广泛传阅，所以报纸是解释型媒介，适合传达深度信息。

报纸读者的选择性强，阅读的顺序、时间、地点、快慢、详略都由读者自己决定，读者在接收信息时处于主动地位。

报纸受众地区性强并且相对集中，报纸发行区域固定、发行量稳定，可以确保信息的预期到达率。报纸出版定时，因此读报很容易成为大众规律性生活的一部分。

受众处于专注接收状态。由于报纸诉诸受众的视觉，受众不可能在阅读的同时进行其他活动，所以处于一种较为从容专注的接收状态。

稳定的受众群。每一种报纸都拥有相对固定的订阅者和购买者，并且由于报纸的定位相对稳定，对某一方面的信息关心度较高的受众会长期、反复地选择同一家报纸，所以报纸的受众群体相对稳定。

报纸媒介也有一些弱点和缺陷，主要表现为如下几个方面：

报纸借助文字传播，因此要求读者了解一定的文化背景，这限制了读者的范围。

与电视的声像并茂相比略逊一筹。报纸传递信息的方式是靠文字和图片，而文字和图片相对于电视的声像并茂来说，显得过于静态和枯燥，倘若信息量相同，受众自然愿意选择声像俱佳的电视媒介。

时效性偏弱，传播不够广泛。报纸受工作程序的影响，不可能实现现场直播，因此在时效性和传播范围上的优势并不明显。

和网络相比,互动性不够强。报纸和读者之间的联系,可以通过读者来信、读者座谈等形式实现,报纸通常通过这些形式来接收反馈信息,以更好地调整自己的版面和报道内容,但这种方式耗时长久,而且效果不够理想。尤其和互动性非常强的网络媒介相比,报纸传受双方的互动性较弱。

3.报纸媒介的传播特性和受众特性

报纸广告具有不同的类别,依据一定的分类标准,可以分为如下类别:

依据内容,报纸广告可分为形象广告、产品广告、联合广告、新闻广告、声明广告等。形象广告是对地域、企业、机构、社团等的历史、文化、传统、规模、资本、技术、销售、标志、开业、订货、展销、合同、评比等多方面的内容进行信息传达的广告,信息特征具有总体性和概括性的特征;产品广告是对产品的具体信息如产品特性、功能、造型、规格、使用、储存、维修、价格、获奖等进行传达的广告;联合广告是指信息内容是对企业形象与产品广告共同传达的广告;新闻广告是对新产品上市、用户表扬、鉴定会、招待会、祝贺等有关企业或产品的信息进行传达的广告,具有一定的新闻报道的痕迹;声明广告是对敬告用户、服务启事、作废启事、迁移启事、寻人启事、开业启事、征婚启事、失物启事、招领启事等内容进行信息告知的广告。

依据广告形式,报纸广告可分为单体广告、连续广告和系列广告。单体广告是指在一期报纸上只刊一次广告;连续广告是指以同一个产品或形象为主要诉求内容,连续、重复地在报纸上刊出的广告形式;系列广告是指一个广告分几个不同的方面刊出,如同一个企业的不同品牌分几次刊出。

4.报纸媒介的广告优势

报纸广告具有消费者地理针对性强、广告创意适时性强、广告信息充分、广告信誉高、受众兴趣大以及广告成本低等优势特点。

在地理性上,地区性日报、晚报都可以使广告到达地理范围明确的目标受众。许多报纸试图通过为广告开发特殊版本的做法提高自己的目标针对性。在创意的适时性上，由于制作标准报纸广告和日常出版内容所需的时间较短，因而报纸可以使广告及时地到达自己的目标受众。在广告信息传达上，虽然报纸版面的创意空间不如电视那么大，但报纸却可以给广告主提供重要的创意机会。由于版面较大，相对价格便宜，因而可以用比较低的成本向目标受众传递大量的信息，对于那些需要详细文案才能表达清楚的产品和服务来讲，这一点非常重要。在广告信服力上，人们仍然认为“登在报纸上的一定是事实”。人们的这种观点，加上大多数报纸的社会形象，为广告创造了一个有利的环境。在消费者兴趣上，坚持看报纸的读者都是对报纸感兴趣的忠实读者，这给地方性经销商创造了一个理想的环境。从制作和版面两方面来看，报纸都属于低成本的媒介。

二、杂志媒介

杂志媒介与报纸媒介一样，也是一种历史较长的大众传播媒介。

1.杂志媒介的种类

杂志按内容涉及的范围，可分为综合性杂志和专门性杂志两类。综合性杂志又称一般性杂志，指的是政治、经济、法律、文学、艺术以及天文、生物、物理和化学等多方面内容都刊登的杂志。后者又称为专业性、行业性杂志，可分为政治、经济、军事、法律、科技、医药卫生类等不同专业。

杂志按内容的性质，可分为时事政治类、时事经济类、社会科学类、自然科学类、文学艺术类、生活时尚类杂志等。按照内容的二分法还可以把杂志分为学术与非学术杂志、文学与非文学(虚构与非虚构)杂志、原创类和文摘类杂志等不同类型。我国传统上把杂志分为综合类、哲学社会科学类、自然科学技术类、文化教育类、文学艺术类、少儿读物类、画刊类杂志等类型，其主要依据也是杂志的内容。

杂志的阅读对象也是杂志分类的重要标准。按照读者的性别，杂志可分为男性杂志和女性杂志。按照读者的年龄层次,杂志可分为老年、中年、青年、少年和幼儿杂志。随着杂志市场的日益成熟,越来越多的杂志开始针对特定年龄的读者群。

按刊期,杂志可分为定期和不定期两类,定期出版的杂志包括三日刊、周刊、旬刊、半月刊、双周刊、月刊、双月刊、季刊、半年刊、年刊。按发行范围分有国际性杂志、全国性杂志和地区性杂志。国际性杂志具有国际标准刊号(ISSN),可在国际范围内发行。全国性杂志主要在国内发行,有国内统一刊号(CN)。地区性杂志又称区域性杂志,是指发行范围限于某一地区甚至是某一城市等较小地域范围内的杂志。近年来,地区性杂志在我国发展较快,出现了一大批以北京、上海、广州等大城市,甚至某些三四线城市为发行区域的财经类、旅游类、城市生活类直投杂志。

2.杂志媒介的传播特性和受众特性

杂志媒介与报纸媒介同属印刷媒介,其传播特性有许多相似之处:

杂志也是视觉媒介,通过印刷在平面纸张上的文字、图片、色彩、版面设计等符号传递信息。

杂志的出版周期越长,杂志的保存时间越长。杂志在各种大众媒介中保存性最强,信息最持久,可以长时期保留、重复阅读、广泛传阅,所以杂志也是解释型媒介,适合传达深度信息。

杂志读者的选择性强。阅读的顺序、时间、地点、快慢、详略都由读者自己决定。读者在阅读时处于主动地位,可以自主地选择阅读时间和阅读版面。

杂志发行区域固定、发行量稳定,可以确保信息的预期到达率。杂志出版定时,因此读者很容易读到,成为其生活规律的一部分。杂志受众一般具有稳定的订阅和购买习惯,读者群非常稳定。

读者阅读非常专注,由于杂志诉诸受众的视觉,受众不可能在阅读的同时进行其他活动,所以杂志的读者在接收信息时处于较为从容专注的状态。

受众对内容的关注程度非常高，同样是印刷媒介，报纸读者的浏览多于阅读，而杂志读者的阅读则非常仔细。

3.杂志媒介广告的类别

杂志一般提供封二（封面的背面）（图 5-1）、封三（封底的背面）、封底（图 5-2）、内页广告等版位。广告的版面规格通常有整版、半版、四分之一版、六分之一版等多种，封二、封三、封底一般只刊登整版广告，内页广告则可以包括不同的规格。另外，可以配合杂志正文，让产品信息参与到文章中，或举办随刊赠送活动等。

杂志页面有固定装帧次序，而且无法移动，所以杂志的广告版位往往直接影响到广告注目率，也直接影响到广告的价格。一般说来，封底价格最高，封二次之，封三再次，内页版位价格最低。

除此之外，杂志还有出血版广告以及折页广告。所谓出血版，即广告的背景色一直延伸到版面的边缘，取代标准的白边。折页广告是一种超宽的广告，这种广告同出血版一样要额外支付费用，广告主经常在高档杂志的封二采用折页广告形式。

图 5-1　必奇广告（封二）

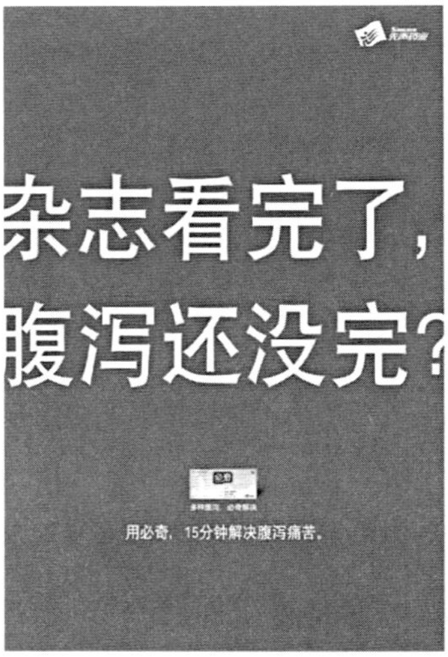

图 5-2　必奇广告（封底）

4.杂志媒介的广告优势

杂志广告具有受众针对性强、受众心理兴趣高、消费者接受性强、创意自由、广告寿命长、传播干扰少、广告信息充分以及诉求准确等优点。

在受众针对性上，杂志具有更为固定的编辑方向，阅读人口较为固定且有一定的特质，可以为广告主提供明确的选择方向，进而瞄准高度细分的受众。这种细分以人口统计特征、生活方式或特殊兴趣为依据。受众细分可以精细到非常狭小的范围，也可以宽泛到跨越多个兴趣群体。在受众兴趣激发上，杂志更是因为自己的内容而吸引受众，受众会自愿阅读广告。读者阅读专注认真，广告的说服力较强。杂志需要读者花费较多的金钱来购买，这也促使他们比较认真地阅读。同时，读者选择性强，不会像广播电视受众那样，对突然出现的广告产生逆反心理。在创意方法上，杂志可以调整广告面积、色彩、空白以维持受众的兴趣；由于大多数杂志的纸张质量非常好，因而色彩还原的效果非常出色，适合高关心度商品的广告。同时，杂志还可以尝试各种创意技巧，如自动弹出式广告、摩擦散味式广告、带香水条的广告，甚至还有带微小电脑芯片，可以闪烁亮光或演奏音乐的广告。杂志广告寿命长，可以长期重复阅读，有利于增加二手读者的人数。杂志读者受教育程度较高，因此购买力普遍较强。另外，杂志读者特性集中、明确，适合做诉求对象非常集中的广告，刊登复杂的广告信息，对广告信息进行充分的说明和解释。杂志在做版面安排时，很少在一个版面上安排多个广告，因此不容易相互影响，广告效果自然更好。

三、广播媒介

广播是通过无线电波或导线定时向广大地区传播声音节目的大众传播媒介。广播在所有的主流媒介中最默默无闻，但随着专业化广告媒体的发展，针对特殊消费群如老人、有车一族的专业化广播媒体越来越受到人们的重视。

1.广播媒介的种类

按照传播方式的不同,广播可以分为有线广播和无线广播。有线广播是通过导线或者光导纤维所组成的有线传输分配网络,将广播节目信号直接传递给用户接收设备的区域性广播。有线广播主要分布在农村和中小城镇,传播范围有限。目前用作广告媒介的广播主要是无线广播。无线广播是通过无线电波传送节目的广播形式。

按照调制方式的不同,广播可以分为调频广播和调幅广播。

按照使用的波长可以分为长波广播、中波广播、短波广播、超短波广播等。

由于大众传播媒介的竞争,受众兴趣的分化,广播出现了专业化的趋势。专业电台在某一方面为受众提供专门服务,节目内容有特定的范围。目前的专业电台有新闻台、教育台、体育台、文艺台、音乐台、交通台等。由于播出特定内容的节目,专业电台一般拥有稳定的受众,受众兴趣相对固定。

2.广播媒介的优缺点

传播快捷,时效性强。广播传播以电波为载体,电波的速度为每秒 30 万公里,相当于绕地球七圈半,传播到收听者的时间差几乎为零。

覆盖广泛,渗透力强。广播传播具有容易接收的特点,在传播上能超越国界,覆盖面广,收听限制少,且收听随意,不受环境限制。广播的信息容量大,受众参与方便,而且收听工具价格便宜。

声情并茂,感染力强。广播传播信息主要依靠声音符号。声音符号作用于人的听觉器官,人们可以通过音响和有声语言较直接地理解传播的内容,它比文字的表现力更直接传神。声音本身具有丰富的形象性,可以表达人们各种情感和气氛,如喜、怒、哀、乐、惊恐、无畏、紧张、轻松、诚恳、虚伪、粗暴、亲切、踏实、轻浮、爽朗、忧郁、热烈、沉闷等,声音的传真性能使人产生视觉形象，闻其声如见其人，听其声如临其境。

手段多样，参与性强。广播可以借助电话、手机短信、网络平台等新技术完成声音符号的生产，并形成多样化的传播形式，如开通热线电话，推出实时播报，为听众直接参与广播创造了机会，使得广播在一定程度上似乎有了一对一人际传播的亲和力，双方在互动中获得同步交流、共同分享的心理满足感。

广播媒体也有一些弱点和缺陷，如线性传播，选择性差。广播按时间顺序播出，听众只能按时间顺序一个节目一个节目地听，往往当时想听的内容没有，而不想听的内容却在广播中出现。所以有时听众会感到受限制，缺乏选择的自由，处于被动地位。另外广播也具有转瞬即逝、保留性差的缺陷。

3.广播媒介广告的类型

广播电台主要提供四种类型的广告时段。

节目广告，即电台划出一段固定的节目时间，这段时间的节目名义上由广告客户提供，提供节目的客户可以在节目中插播广告，一般收费较高。

插播广告，即在节目之间播出的广告。

电台广告节目，即在一个固定的时间段里，连续播放数家广告客户的广告。插播广告和电台广告节目通常按照一般的标准收费。

报时广告，即在报时的间歇播出广告，通常是钟表企业的广告。报时广告既是广告，也提供报时服务，听众的关注度比较高，广告价格也相对较高。

广播广告一般有 60 秒、30 秒、15 秒、5 秒等规格，对于录播的广告时间有严格的限制，而由播音员或节目主持人现场播报的广告，时间限制则没有那么严格。

4.广播媒介的广告优势

广播媒介的广告具有目标受众针对性强、广告成本低、广告的灵活性和实时性高、创意效果较好等优点。

在目标受众的选择上，广播可以按目标受众的地理范围、人口统计特征和消费心理，有选择地针对他们制作节目。地方电台的传输范围比较狭窄，这反倒给广告主到达小范围地域内的受众提供了有利条件。从广告成本角度看，无论按单位接触成本，还是按绝对成本计算，广播都是较为合算的媒介。另外，广播广告的制作成本非常低，如果是电台直播广告，广告主根本不需要花任何制作费。从广告发布的灵活性上看，广播是最灵活的媒介，因为广告主可以在离截稿期非常近的时候交稿，有了这种灵活条件，广告主便可以不失时机地利用特殊事件或特定竞争机会创作广告。另外，虽然广播在感官刺激上比较单一，但它就像想象的剧场，综合利用声音、音乐、音效的广播广告作品也能产生令人难忘的艺术效果。

四、电视媒介

电视是大众传播媒介中最晚出现，但发展最快的媒介。从世界范围看，电视也是覆盖面最广、最大众化、影响力最强的大众媒介，更是最有效力的广告媒介。

1.电视媒介的种类

按照传输技术的不同，电视可以分为有线电视、无线电视、卫星电视等。有线电视使用同轴电缆或光纤电缆传送节目，或者利用单一天线接收播送讯号再经过放大增强，经过电缆直接传送到地区内的电视接收机。有线电视节目通常需要付费订购。无线电视通过无线电波传送节目，由于无线电视台直接覆盖的范围有限，所以要获得更广泛的传播就要借助光缆、微波中继、卫星等电视手段。近年来，卫星电视在我国获得了迅速的发展。所谓卫星电视，就是通过卫星传送电视节目的电视系统。

按照覆盖范围的不同，电视可以分为全国性电视媒介和地方性电视媒介。我国最主要的全国性电视媒介是中央电视台。但是随着卫星电视传播技术的发展,越来越多的省级电视媒介已经覆盖全国,成为实际上的全国性电视媒介。

按照电视传播内容的不同,电视又可以分为新闻频道、体育频道、经济频道、电影频道、音乐频道、戏曲文艺频道、生活频道等。电视台的专门频道与广播的专业电台一样,播出特定内容的节目,同样会形成稳定的观众群。

2.电视媒介的传播特性

电视媒介具有明显的传播优势:一是电视真实直观。电视能把一个产品全方位、直观真实地表现出来,而且可以真实反映实物具体操作过程,以指导消费者使用,极易使消费者了解商品的复杂结构。二是电视富有动感,感染力强。电视是一种视听结合的媒介,是集文字、声音、动作表现于一身的综合媒介,具有最强的感染力。三是电视有较高的关注度,有利于激发受众情绪,达到良好的传播效果。

当然,电视也具有较大的缺陷:一是电视传播稍纵即逝,不像印刷媒体那样传播的信息可以长时间保存和查找;二是电视缺乏选择性,观众在收看电视节目时,一般都是非主动接收,受众不能改变节目的播出顺序,不能选择要观看的节目,容易产生抗拒情绪。

3.电视媒介的广告类型

电视媒介提供的广告时段与广播媒介相近,包括节目广告(特约播映、冠名节目)、插播广告、广告节目、报时广告等类型。与广播媒介不同的是,电视媒介通常根据收视率的高低,将插播广告和广告节目划分为不同的等级,制定差别很大的收费标准。

电视广告也有60秒、30秒、15秒、5秒等不同规格。由于电视节目安排非常紧凑,而且电视的播出技术相对复杂,所以电视媒介对于广告规格的限制非常严格。

4.电视媒介的广告优势

电视媒介的广告传播具有受众针对性强、创意效果好、传播效率高、广告单位成本低等优势。在受众选择上,电视节目正在努力开发吸引小范围目标受众的节目。如有线电视和各种专业性电视频道,如新闻台和旅游台。这使得节目的受众具有极大的共性,广告效果有了更大的保证。在创意上,电视广告能用图像和声音传送信息。作为视听合一的媒介,电视媒介适合再现形象和过程,现场感强、形象真实、可信度高,能给观众带来一种面对面交流的亲切感。电视能够直观展示产品及其使用过程和使用效果,具有很强的说服力和感染力。在传播效率上,电视普及率在全世界范围内都很高,有线电视在全世界到达的家庭数已经达到了十几亿户。另外,没有哪种媒介可以像电视这样让广告主如此频繁地重复自己的信息。最后,以单位成本看,电视黄金时段和收视率高的节目可以到达无数家庭,这使得广告主的单位接触成本降到了很低的水平,任何其他大众媒介都无法与之相比。

第二节　非传统广告媒体

虽然印刷和电波媒介仍将继续充当最重要的广告媒介,但也有众多的其他媒介可供广告主向消费者进行宣传。在整合营销传播的世界里,如何有效地综合运用多种媒介手段,已经成了媒介策划的一个关键问题。多种媒介综合运用的目的是巩固或扩大经由其他媒介发布的广告信息的覆盖面,除传统媒介之外的其他媒介可以专门针对地方市场量身定做,所以,如果广告主希望到达特定场所、社区或市区中的消费者,这些媒介绝对有用武之地。

多种非传统媒介的广告效果在现今广告运作中不可小觑。以中国台湾地区为例,2009 年台湾地区广告营业额为 993.44 亿元新台币,其中传统媒介广告营业额为 430.39 亿元新台币,约占 43.3%,而线下媒体营销的费用却高达 563.05 亿元新台币,占到了 56.7%。这些线下营销活动不仅包括了实体媒介，如户外交通、移动广告、网络、售点、派夹报、黄页、杂项，更包括了各种事件和活动营销等。

一、互联网媒体

随着国际互联网的不断发展，网络已经成为诉诸视觉和听觉符号，能够传播文字、声音、图片、运动图像等多种信息的新传播媒介。1998 年 5 月，联合国新闻委员会召开年会正式宣布，互联网已成为继报刊、广播、电视等传统大众媒体之后新兴的第四媒体。20 世纪末，随着互联网在全世界的飞速发展，网络广告异军突起，成为 21 世纪最有希望、最具活力的新兴广告形式。

1.互联网广告的类型

以国内门户网站为例，网络广告的形式主要可分为标准广告和赞助广告两种。

（1）标准广告

标准广告包括了横幅（Banner）广告、按钮（Button）广告、文本链（Test Link）广告、直邮（EDM）广告、富媒体（Rich Media）广告、流媒体（Streaming Media）广告以及插片（Interstitial）广告、视窗广告（Pop-up）等。

①横幅广告

多数以横贯页面的形式出现，该广告形式尺寸较大，视觉冲击力大，能给网络访客留下深刻印象，多为 gif 或 flash 格式（如图 5-3 和 5-4）。

②按钮广告

表现为图标的广告，广告主通常用其来宣传商标或品牌等特定标志。按钮广告是一种与横幅广告类似，但是占用面积较小，而且有不同的大小与版面位置可以选择，以小型 gif 或 flash 等格式为主的网络广告。版面位置的安排较有弹性，可以放在相关的产品内容旁边，是广告主建立知名度的相当经济的一种选择。

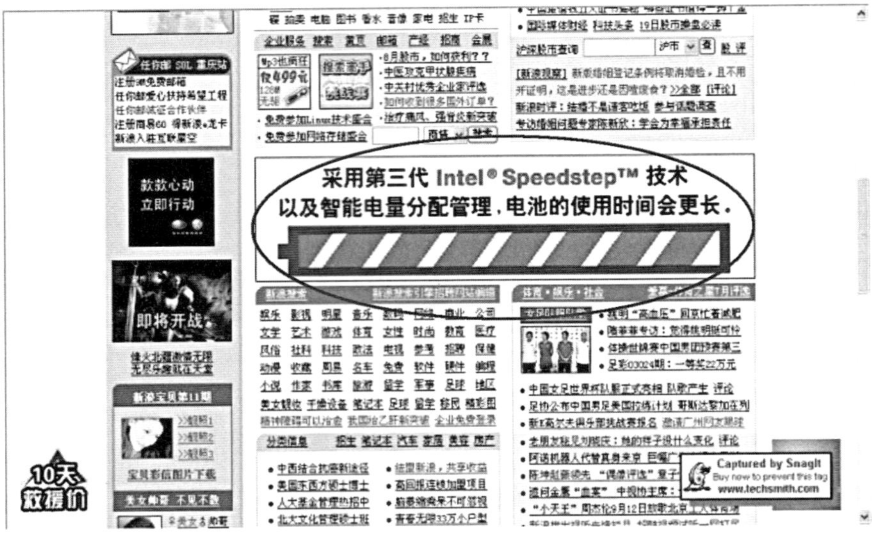

图 5-3　首页横幅广告

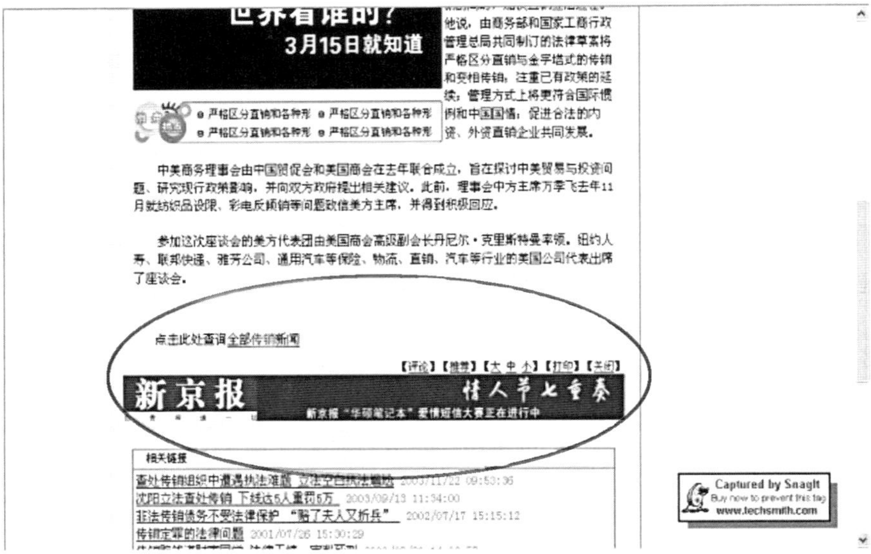

图 5-4　新闻页底部横幅广告

③文字链广告

以简短的文字说明介绍广告内容，一般为 8 个字左右。该形式要求广告内容突出，宣传目的明确，使客户一目了然，是一种性价比较高的广告形式，但需要好的文字广告语创意来吸引目标客户。

④直邮广告

以邮件的形式发送到受众邮箱中,一般5万封起。可以选择目标客户群体作定向发送投放。

⑤富媒体广告

富媒体广告种类较多,一般具有动画、声音、视频、交互等丰富的表现形式,广告容量可达300K以上,广告的创意空间不受限制。

⑥流媒体广告

流媒体又叫流式媒体,一般是以视频动画的形式展现在页面上。流媒体广告形式比较多样,具有拓展性强、位置灵活、创意新颖、视觉冲击力大等特点(如图5-5和5-6)。

图5-5 流媒体广告播放中

图 5-6　流媒体广告播放结束

⑦插片广告

在视频播放器中展现，一般分为前插片广告和后插片广告，每隔 5～15 秒自动播放，客户无法选择跳过广告或关闭广告，广告覆盖面较广、到达率较高、受众较精准。

⑧视窗广告

以视频或动画的形式展现，广告播放时间为 10～15 秒，一般在页面的右下角浮出，并保持在该位置。视窗广告可分为普通视窗和自定义视窗两种。普通视窗多从屏幕右下角浮出，固定在右下角位置；播放器带有明显功能按钮，不产生歧义；关闭按钮清晰，带“×”号，与背景有明显的黑白色差；出现在流媒体、对联、跨栏、前弹、背投广告之后。

除具有标准视窗所有特征外，自定义视窗的播放器外框还可由用户订制特殊造型，包括无播放器外框，但必须为非透明的标准矩形，固定在页面右下角（见图 5-7 和 5-8）。

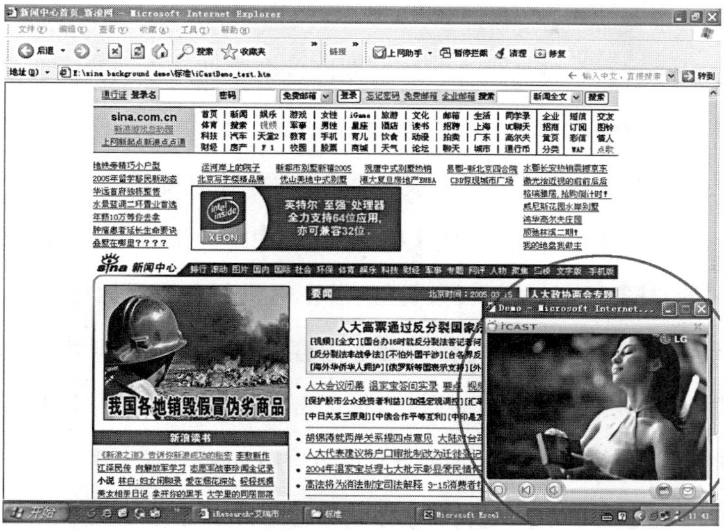

图 5-7　普通视窗广告

图 5-8　自定义视窗广告

(2)赞助广告

目前网站的赞助广告形式多样,具体包括栏目条赞助广告、焦点图包框赞助广告、图形赞助广告、文字链赞助广告、频道页窄通栏广告、专题页赞助广告、论坛赞助广告和背景广告等。

①栏目条赞助广告

包括触发栏目条赞助广告和非触发栏目条赞助广告两种。非触发栏目条赞助广告可以修改原栏目条,也可以新加栏目条。修改原栏目条要求赞助广告的风格尽量与频道风格保持一致,最好采用渐变的方式融合在一起,同一内容区中不能同时出现两个以上栏目条赞助。新加栏目条的高度和基本样式一般与同页面其他栏目条类似,需在栏目条左侧添加栏目标题,右侧的广告部分要求同修改原栏目条,同一内容区中也不能同时出现两个以上栏目条赞助,新加栏目条左侧的栏目标题部分也不能加客户链接。非触发栏目条赞助广告在内容上一般出现广告主的 Logo、广告文字、广告图形等;在高度上不超过栏目条高度;宽度上不超过栏目条总宽度的 1/2;大小不超过 8K。另外,栏目条赞助广告一般以静态为主,有时也可用两帧动画(如图 5-9 和 5-10)。

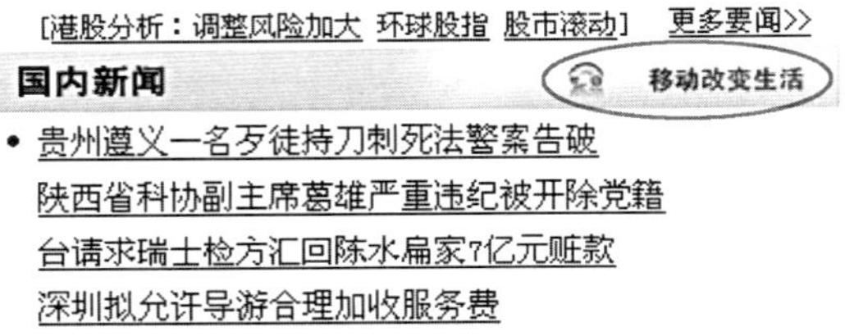

图 5-9 栏目条赞助广告(1)

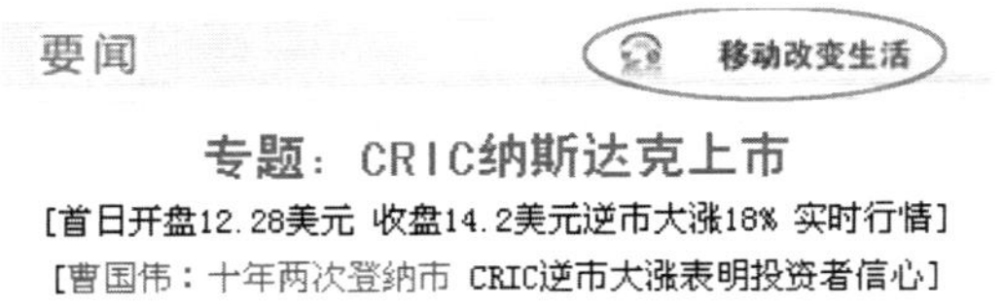

图 5-10 栏目条赞助广告(2)

触发栏目条赞助广告在栏目条部分的要求同非触发栏目条赞助广告一样,触发部分在页面左右空白处,鼠标移开栏目条,触发部分自动消失,触发时间停留在 5 秒以内,触发部分带有明显的关闭标志。触发部分在内容上可出现广告主的 Logo、广告文字、广告图形等,高度要小于该栏目高度,宽度不大于 25px，大小不大于 8K。

②焦点图包框赞助广告

包括无触发包框和带触发包框两种。包框赞助广告设计应符合频道主格调，同时还要考虑包框所在页面横切对齐方案。无触发包框赞助广告的内容中可出现广告主 Logo、广告文字、广告图形等，高度一般小于 18px，宽度不超过焦点图边框的宽度，大小不超过 8K，以静态赞助广告为主，也可为两帧动画。带触发包框赞助广告在鼠标移开栏目条时，触发部分自动消失，触发停留时间为 5 秒以内，触发部分带有明显的关闭标志（如图 5-11）。

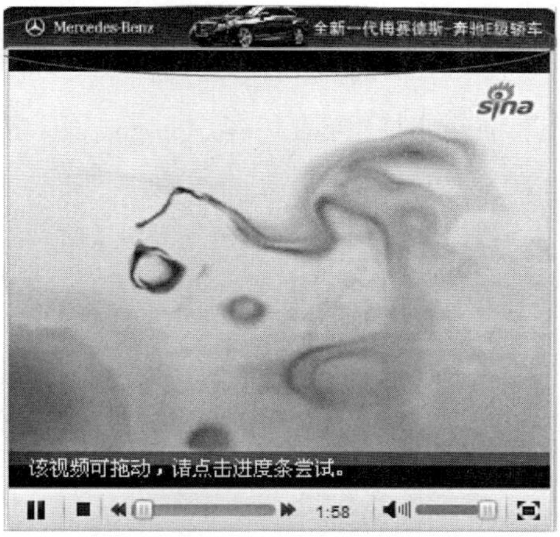

图 5-11　包框赞助广告

③图形赞助广告

图形赞助广告中的文字同运营频道文字链接的样式不同，图形上的文字没有链接，文字不滚动。

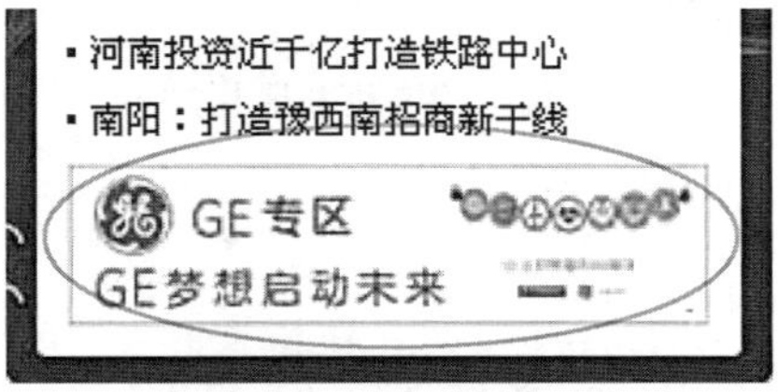

图 5-12　图形赞助广告

④文字链赞助广告

文字链赞助广告一般不使用所添加文字链区域默认文字颜色以外的其他颜色，文字链一般不标红或加粗（如图 5-13）。

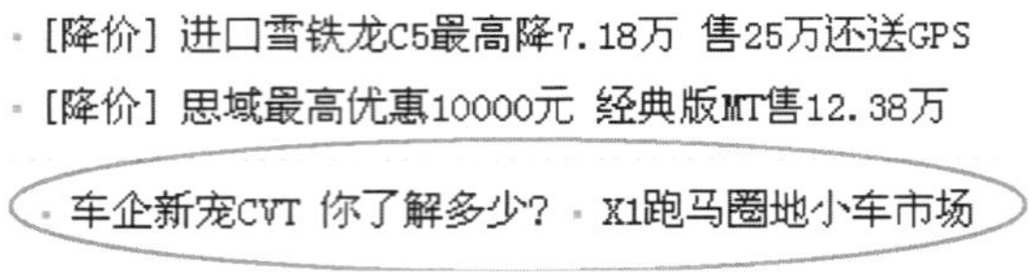

图 5-13　文字链赞助广告

⑤频道页窄通栏广告

即频道页面上的窄通栏广告。广告一般可以采用静态和动画两种表现形式，色调尽量简洁素雅，同时广告语和客户 Logo 一般略小于网站频道Logo 和文字的大小（如图 5-14）。

图 5-14　频道页窄通栏广告

⑥专题页赞助广告

包括专题内题图赞助广告、专题内栏目条赞助广告、专题内焦点图包框赞助广告以及视频框包框赞助广告、专题内焦点图赞助广告、专题内标签流媒体广告和疯狂流媒体广告等。这些赞助广告的内容可包含客户 Logo、广告语及其组合创意，设计上要与专题题图设计风格一致（如图 5-15 至 5-17）。

图 5-15　专题内题图赞助广告

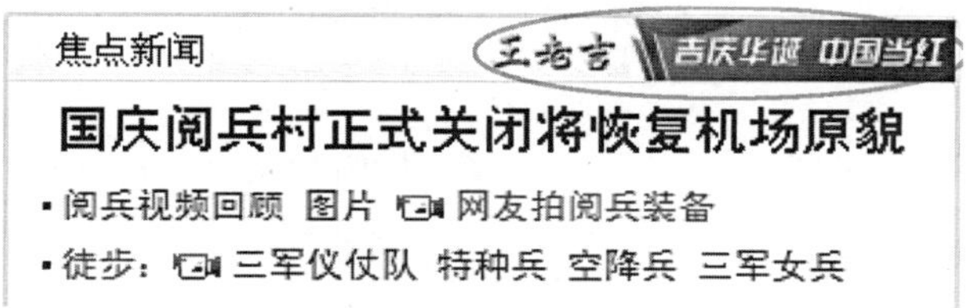

图 5-16　专题内栏目条赞助广告

图 5-17　专题内焦点图赞助广告

⑦论坛赞助广告

主要以替换论坛关键字的形式出现，替换关键字或词的图片设计必须正确传达原字词的意思，使网友能够通顺阅读，图片一般为静图（如图 5-18）。

⑧背景广告

背景广告是整个页面的背景图形，必须为静态图片，不能出现任何动态效果。背景广告的设计效果尽量与页面整体效果保持和谐一致，要有清晰

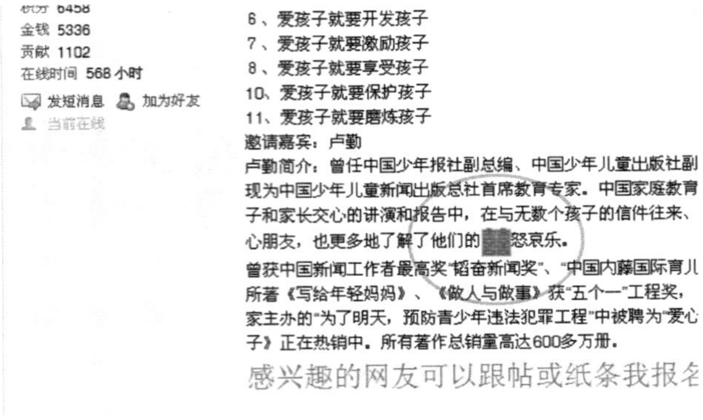

图 5-18　论坛关键字赞助广告

明了的广告关闭按钮。一般尺寸不超过 1600mm×1000mm，大小不超过 60K，文件类型为 jpg。

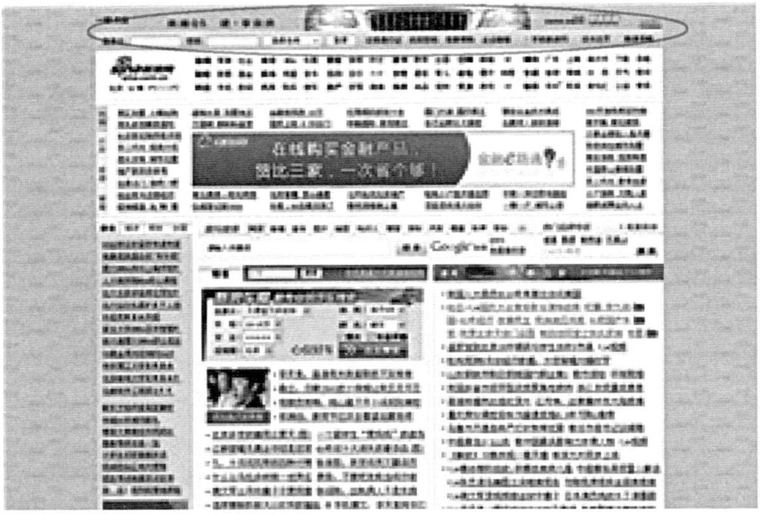

图 5-19　背景广告

2.互联网广告的特性

作为广告活动的重要形式，互联网广告具有传统媒介广告的所有属性。但是互联网与传统媒介相比，具有更高深的技术内涵、更独特的传播特性、更多样的传播手段,所以,互联网广告相比传统媒介广告有以下几个方面的特点。

(1)双向传播

传统媒介广告中,传播方操纵着广告信息的传播,受众一般是被动接收广告信息;在互联网广告中,由于网络的互动性,广告受众不仅主动接收广告信息,而且可以很容易地参与到广告信息的传播活动中,实现与广告信息发布者的即时双向沟通。

(2)一对一传播模式

在互联网中,个体既是消费者,又是生产者。在互联网广告中,每一名个体既是广告信息的受众,又可以成为广告信息的发布者,个人将在互联网广告中扮演越来越重要的角色。

传统媒介广告传播一般都是面向大众的"广播"式,即一对多模式;在互联网媒介中,一对一的广告传播模式成为可能。运用互联网技术,广告信息发布者能够收集大量的个人信息,甚至还能够针对不同受众播发个性化的广告内容,同时监控来自每个受众的反馈。互联网广告的一对一传播模式成为网络媒介对广告活动最有价值的贡献。

(3)无区域性

互联网的诞生把巨大的地球连成一个数字化的小村庄,信息成为世界上大多数居民的潜在财产。传统媒介广告由于受到传播技术的限制,区域性明显。而互联网广告在互联网这个虚拟化的"全球数字化小村庄"里,能够不受地域、国界等地理因素的影响,在极短时间内将广告信息发送到全世界。

(4)富媒介

无论是报纸杂志、广播电视还是户外媒体,它们的媒介信息容纳量都是有限的,作为一种广告媒介的运用手段和表现方式也是有限的;但是作为广告信息载体的互联网,由于它的全球性、分散性和链接技术,有着几乎无限的广告空间，具备各种传统媒介作为广告媒介的运用手段和表现方式，并且在实践中发展了更先进的手段和方式，互联网因此也被公认为是一种“富媒介”。

(5)视听技术的综合性

互联网媒介与传统媒介相比，含有更多、更新、更高的科技成分，尤其是Web技术与广告结合后，互联网演变成实时、动态、交互的多媒体世界，互联网广告运用文字、声音、图片、色彩、动画、音乐、电影、三维空间、虚拟视觉等技术，不断开拓互联网广告的新天地。

二、户外媒体

1.户外广告的历史

户外广告是历史悠久的广告类型之一，从庞贝古城的墙壁告示到迎风招展的黄色酒幌，户外广告千变万化、历久弥新。中国是世界上较早使用户外广告的国家之一，最早是以叫卖和实物展示的形式来进行商品宣传的。截至鸦片战争，中国户外广告经历了招牌、幌子、悬帜、悬物、灯笼等各种形式，虽然囿于材料和技术，其广告效果无法同今日的户外广告相提并论，但古代社会多样的户外广告为新时期户外广告的发展奠定了良好的基础。鸦片战争之后，随着西方社会对中国的不断影响，一些新的媒介形式不断涌现，户外广告出现了路牌广告、橱窗广告、霓虹灯广告等新形式。

路牌广告在20世纪20年代尤其盛行，开始是利用墙壁做广告，用油漆刷在墙上。当这种路牌不再引人注目时，有的广告公司就将五彩印刷的招贴画贴在墙壁上，后来又改用木架支撑、铅皮装置、油漆绘制。当时的广告内容主要是香烟、药品和影剧信息，路牌一般竖立在交通要道口、屋顶、铁路沿线和风景区。

国外第一个霓虹灯广告设置于1910年的法国巴黎皇宫，我国则于1926年在上海南京东路伊文思图书公司的橱窗内首次设置霓虹灯，用来宣传“皇家牌”打字机。20 世纪 30 年代，上海闹市区商店都装有不同的霓虹灯招牌及广告，室内和橱窗里也设置了霓虹挂灯，屋内外装饰边管也逐渐普及。此外，随着公共交通的发展，车船广告、火车站内外陈列广告以及车厢内图书杂志广告等也开始出现并逐渐繁盛，甚至出现了空中广告。这段时间是户外广告发展和媒介开发极为迅速的时期。20 世纪 80 年代以后，我国户外广告形式更为丰富，立柱路牌、射灯霓虹，不可胜数。户外广告逐渐发展成为除广播、电视、报纸、杂志四大媒体之外的另一重要广告媒体。

西方传统户外广告最早以招牌和壁报广告为主，从发掘出来的公元前 79 年古代罗马庞贝城的遗迹中我们可以看到，在街道、建筑物的墙上和柱子上，图画广告、招牌广告、文字广告随处可见，仅墙面上的广告就有1 600多处。西方现代户外广告形式更为多变，如平面广告牌、三面转动广告牌、立体模型广告牌、电子显示广告、霓虹灯广告、户外流动广告、灯箱标志广告以及景物结合广告等，丰富多彩。在现代广告信息传播中，户外广告以其简单明晰、经济实用而成为整合营销传播中的重要一环。

2.现代户外广告的种类

户外媒体的分类比较复杂，按照最直观的分类，可以分为固定位置的户外媒体和实物户外媒体两种。实物户外媒体主要有气球、模型、条幅等，一般作为临时使用的广告媒介，不是户外媒体的主要类型。户外广告媒体中使用最多的是固定位置媒体，主要包括如下类型（如图 5-20）：

大型广告牌。有霓虹灯广告牌、灯箱式广告牌、外部照明广告牌等形式，有的为路边单立柱，有的为建筑物楼顶，有的为过街天桥或跨线桥等。这类广告牌一般以文字为主，图案简单、鲜明，主要用于对企业名称、品牌名称的提醒。

电子翻板。运用电磁效应，翻转四色旋转体，组合成不同的文字和图案，变化比广告牌更丰富。

LED 电脑看板。通过二级发光体组合成千变万化的图案和文字，主要

图 5-20　上海某街道户外广告

有红绿黄黑四种颜色，能表现立体感和动画效果，可通过电脑控制，可交替播出新闻和广告等内容。

电子显示屏。由细小的矩阵式平面显像管组成的巨大电视屏幕，有电视般的艳丽色彩，能与画面同步发音，具有其他户外媒体所不具备的优势。最大的缺点是由于室外光线的影响，视觉效果不是很好。许多现代体育场馆和大型建筑物都建有巨型电子屏，作为广告信息传播的通道。

飞艇。有室外飞艇、室内飞艇、夜航飞艇之分。飞艇的用途广泛，既可以用作某一产品投放市场的先期准备，也可以用作产品在某一地区的首次展示宣传，或用作试销宣传。飞艇广告的主要特点是覆盖面广，可以覆盖高速公路、铁路、主要交通干线、城市、室外运动场或文化活动场所等。飞艇在空中停留的时间长短比较自由，也很能吸引路人的注意。热气球与飞艇相似，也能带来较高的关注度。可口可乐、万事达卡、和记电讯、麦当劳、锐步、诺基亚等品牌都曾是飞艇广告的客户。

充气模型。巨型的彩虹、吉祥物、产品包装等形象都可以用来制作充气模型，摆放在室内外的空地上，引起路人的注意，达到不错的宣传效果。

3.户外广告的特点

第一,户外广告主要设置在城市的商业区和主要街道的醒目位置,能够接触数量较多的受众;但由于接触到的都是流动人群,广告在他们的视野中往往一闪而过,受众关注的时间较短,效果不一。而且由于与受众的距离较远,为弥补受众视野的限制,必须使用大幅的画面和大型的字体,因此信息容量有限,不适合承载复杂的广告信息,只适合传播提醒性信息。

第二,户外广告的发布周期较长,信息持续时间久,能够长时间曝露,反复诉求,收到印象的累积效果。

第三,户外广告不能立即产生明显的效果,因此不适合做时效性强的广告,而适合配合较长期的广告战略。

第四,户外广告一次性投入较大,有效时间也较长,比起昂贵的电视广告,价格仍算低廉,适合配合其他媒介做长期的广告诉求。

4.使用户外广告媒体应注意的问题

首先,要根据品牌在不同时期的市场状况,确定广告投放方式。

产品上市期采用漏斗式发布方式,注重覆盖面,形成视觉冲击力。所谓漏斗式发布方式就是在投放之初加大数量,形成超强覆盖效果,以后依次递减,保持记忆停留,从而提高广告的回忆率。

品牌成熟期使用平行式发布方式,以点带面,提高知名度。由于此时品牌已有一定的知名度,宜采用平行式发布方式,即每月的投放量大致相同。客户可选择城市的主要街道,覆盖产品的核心目标消费群,进行有侧重点的发布,如为节省费用,可考虑在城市中不同区域进行流动发布。通常规范的户外候车亭广告都有统一的规格,这样既可以节省投放额度,又可以收到全城发布的良好广告效果。

品牌巩固期可遴选目标消费群,强化品牌,保持美誉度。在品牌巩固期,品牌在本地区已有相当的知名度,这一时期,户外广告的重点应是保持及强化品牌的美誉度，遴选目标消费群，进行有针对性的传播。

其次，要注重广告发布效果的经济性分析。

客户在选择广告发布位置的时候，往往过分注重某些“繁华”指标，如人流量、车流量等，认为在这样的位置发布广告效果一定好，其实未必。繁华区域的客观经济指标相对较高，但其遮挡率也较高，而且价格昂贵，从这一角度看，其广告发布的经济性未必最佳。

最后，注重广告画面创意设计与媒体特点相结合，割舍“全面解决方案”情结。比如一个成功的户外候车亭广告，除发布数量、发布位置等因素外，广告的创意设计也是不容忽视的重要方面。户外候车亭是通过其视觉冲击力来实现广告诉求的，因此要求创意设计的元素简单，色彩艳丽明快，同时要有层次感，要使受众在 100 米、50 米、贴近媒体等不同位置可以看到依次递进的内容，从而完成“吸引—近观—细看”的三步骤。

三、售点媒体 POP

售点广告是在各种销售场所的出入口、通道、墙壁、内部等位置设置的广告，主要类型有招贴、吊旗、手绘海报、灯箱、装饰广告物等。POP 是英文 Point of Purchase 的缩写，即“售点”。所以，售点广告也被称作 POP 广告。除灯箱外，POP 广告一般小巧灵活，方式不受限制，可以自由发挥，而且广告预算伸缩性较大，适合配合商品的促销活动。

1.POP 广告的形式

POP 广告起源于 20 世纪的 20 年代，到 80 年代传入我国。特别是随着超级市场在我国的登场，商品可以直接和消费者见面，大大减少了售货员数量，节约了商场空间，并加快了商品流通的速度。但也由此碰到最尖锐的问题，就是如何利用广告宣传，在狭窄的货架、柜台空间，在消费者浏览商品或犹豫不决的时候，恰当地说明商品内容、特征、优点、实惠性，甚至价格、产地、等级等，吸引消费者视线，触发其兴趣，并担当起售货员的角色，使顾客很快地经历关注、了解、心动而决定购买的购物心理过程。POP 广告正是基于此种需要而产生的。

POP 广告就是在购买时间和购买地点出现的广告，是在有利时间和有效空间位置上，为宣传商品，引导顾客了解商品内容或商业性事件，从而诱导顾客产生参与动机及购买欲望的商业广告。售点所能见到的 POP 广告种类很多，下面从 POP 广告创意设计的角度介绍三种不同的形式。

(1)按时间进行分类

POP 广告在使用过程中的时间性及周期性很强。按照不同的使用周期，可把 POP 广告分为三大类型，即长期 POP 广告、中期 POP 广告和短期 POP 广告。

长期 POP 广告是使用周期在一个季度以上的 POP 广告，主要包括门招牌 POP 广告、柜台及货架 POP 广告、企业形象 POP 广告。其中门招牌 POP 广告一般是由商场经营者来完成的。这些 POP 广告花费的成本比较高，使用周期比较长。由于一个企业和一个产品的孕育周期一般都超过一个季度，所以宣传企业形象及产品形象的 POP 广告也属于长期的 POP 广告类型。由于长期 POP 广告在时间因素上的限制，其设计必须考虑得极其周全，制作成本也相对有所提高。

中期 POP 广告是指使用周期为一个季度左右的 POP 广告，主要是季节性商品的广告，像服装、空调、电冰箱等商品的 POP 广告。中期 POP 广告的设计与投资，可以比对长期 POP 广告，作适当的弱化考虑。

短期 POP 广告是指使用周期在一个季度以内的 POP 广告，如柜台 POP 展示卡、展示架以及商店的大减价、大甩卖招牌等。由于这类广告是随着商店某类商品的存在而存在的，只要商品卖完，该商品的广告也就随之撤换。特别是有些商品可能在一周甚至一天或几小时内就可售完，所以相应的广告周期也很短暂。对于这类 POP 广告的投资一般都比较低，设计也相对简单。

(2)按材料的不同进行分类

POP广告使用的材料多种多样，根据产品的档次不同，可使用从高档到低档不同的材料。就一般常用的材料而言，主要有金属材料、木料、木材、塑料、纺织面料、人工仿皮、真皮和各种纸材等。其中金属材料、真皮等多用于高档商品的POP广告；塑料、纺织面料、人工仿皮等材料多用于中档商品的POP广告；真丝、纯麻等纺织面料也同样属于高档的广告材料；而纸材一般都用于中、低档商品和短期的POP广告。当然纸材也有较高档的。纸材由于加工方便，成本低，所以在实际的运用中，是POP广告最常使用的材料。

(3)按陈列位置和陈列方式的不同进行分类

POP广告除使用时间的特殊性外，在陈列空间和陈列方式上也与其他广告形式不同。陈列的位置和方式对POP广告的设计会产生很大的影响。以陈列位置和陈列方式为标准，可把POP广告分为柜台展示POP、壁面POP、天花板POP、柜台POP和地面立式POP五个种类。

按照陈列位置和方式区分的不同种类的POP广告，在材料选择、造型、展示等方面有很大的区别，这对于POP广告设计本身是至关重要的。

除此之外，还有橱窗式POP广告、动态式POP广告和光源式POP广告等，虽然它们不能归于以上的某一类型，但作为各具特色的POP广告形式，也是我们在广告策划与营销中值得考虑的。

2.POP广告的价值

随着超级卖场的增多，POP作为连接生产企业与消费者的信息交流手段，越来越受到人们的重视。了解POP广告对消费者心理活动的影响，是运用好这种广告手段的重要基础。比如，在超市的店门前、入口处，要使消费者注意到商品的存在。在店内，不但要明示商品的陈列场所，还要有吸引力。在陈列商品的货架上，要实现的主要目的是激发消费者的购买欲望，使其主动地拿起商品来，放进购物篮里，完成购买。

四、交通媒介

对于交通广告的归属有两种看法，一是将它视为户外广告的一种，二是将其视为一种单独的广告媒介类型。由于交通广告媒介既包括呈现于开放空间中的站台媒介、道路沿线媒介，也包括呈现于封闭空间中的车厢媒介、站内媒介，所以不能一概视为户外媒介。随着交通工具的日益发达和完善，交通广告已经成为一种包含多种类型、有自身鲜明特点的独特的广告类型。

1.交通广告的种类

随着社会生活的发展、人员流动的增加，交通工具和交通场所的广告价值越来越受到重视，交通运输经营部门和广告公司从中开发出了各种各样的广告媒介。由于交通广告工具和场所多种多样，形式不一，所以交通广告媒介也是因地制宜、五花八门的。主要有：

图 5-21　车体外广告

交通工具体外部媒介，如公共汽车的车身、出租车顶灯等（如图 5-21）；

交通工具内部媒介，如火车车厢内的电子显示牌、地铁车厢内线路示意图、出租车内部广告、安全提示板等（如图 5-22）；

交通工具站点媒介，如公共汽车站的灯箱，火车站内外的电视墙、座椅、灯箱，机场内外的广告牌、灯箱等（如图 5-23）；

交通工具车票媒介，如火车票、地铁票、飞机票等；

交通路线媒介，如高速公路旁的大型路牌、铁路沿线的墙壁等。

图 5-22　城市轻轨车体内部广告

图 5-23　交通站点广告

2.交通广告的特点

由于乘坐某一交通工具往来特定线路的人群一般比较固定,因此交通媒介是高接触频率的媒介,而且所接触对象比较稳定,具有不断强化和提醒广告信息的作用。

交通广告媒介费用低廉,但是难以做完善的发布计划,因此适合做其他广告媒介的补充。

除了乘客拿在手中的车票和车体内的广告媒介,交通广告接触的都是快速流动的受众,受众关注时间短、关注程度较低,因此适合发布简洁的广告信息。

交通媒介广告持续时间长,适合做长期提醒性广告。

由于乘客候车、乘车时往往无所事事,所以站点媒介和车内媒介具有强迫阅读作用。

车内媒介由于车厢摇晃不定，而且车内乘客阅读距离不一，也适合发布简洁的信息。

由于人流量大，交通媒介清洁维护不易，可能影响广告信息的准确性和企业的形象。

3.使用交通广告应注意的问题

首先，交通广告擅长建立和保持品牌认知，但不适于篇幅较长的广告。在紧张嘈杂的城市环境中，要想引起忙碌的乘车者的注意，挑战是巨大的。交通广告在画面设计上应醒目、简洁，图案不宜过于复杂，以避免浪费版面。

其次，交通广告适于低关心度的商品，即有提醒品牌及促销的作用，不适合专业产品广告。

再次，交通广告张贴的位置应适合乘客观看，比如车内广告可张贴在车门两侧、座位上方、司机座位后等位置，因为这些位置是乘客目力所及之处，容易吸引乘客的注意。车身广告较理想的位置是车厢右侧，因为供乘客上下车的车门都在右侧，便于上下车的乘客观看。但车厢左侧也有独特优势，比如没有车门影响，广告画面更完整。另外，车后窗也是广告主常选的位置。

最后，由于公共汽车线路固定，因此广告主应研究不同线路受众的特点，选择适用的公共汽车和有针对性的广告，比如通往居民区的公共汽车和通向旅游点的公共汽车乘客类型不同，广告也应有所区别。此外，在通过少数民族和宗教人士聚集区的车辆上做广告，也应特别注意其民族及宗教禁忌，以避免引起不必要的麻烦。

五、直邮媒体

通过邮递直接送达潜在对象的广告叫作直邮广告，即 Direct Mail Advertising。直邮广告主要是从企业的邮购订单发展而来的，今天的直邮广告媒介已经与数据库营销相结合,成为一种既承担广告信息传播功能,又承担直接的销售功能的广告媒介和营销手段。

1.直邮广告的主要种类

销售信函是最常见的直邮形式,通常随手册、价目表或回执卡、回邮信封一同邮寄给收件人。直邮广告还可分出不同的形式,比如:

明信片多用于发布减价信息、折扣信息或用于增加流量。有些广告主采用两折式明信片,既可以传递广告信息又可以让收件人自由做出反应,当作回执卡使用,如果收件人希望得到产品或服务,只需撕下回执部分寄回广告主便可。为了促使收件人做出反应,有些广告主还附带邮资,以便收件人在没有任何花费的情况下也可做出反应,此时,广告主必须得到专门的邮政许可,在收到回件时,由广告主支付邮资和手续费。这种邮资减免邮件一般都能提高潜在对象的反应率。

折页和手册一般都采用多色印刷,带照片或插图,纸张比较高级,图片或其他插图的还原效果较好。手册比折页更大,有时可当作商店的橱窗陈列或招贴,手册一般用邮袋寄送。

内部刊物是由某家协会或商业机构制作的内部出版物,如利益相关者报告、消费者杂志和经销商出版物等。

目录一般登录或描述某生产厂家、批发商、零售商所售的产品,往往还配有相应的照片。

2.直邮广告的特点

直邮广告具有如下优点:

针对性强。直邮覆盖集中、到达广泛。人人都有信箱或电子邮箱,广告主可以利用直邮百分之百地到达指定地区内的家庭。电脑可将直邮名单上的人们按职业、地区、收入或其他特征进行分类,有助于广告主直接与最具购物动机的消费者进行交流。

灵活。直邮广告的创意空间独一无二，只受广告主的预算和邮政法规的约束。直邮的制作与发行都非常快。

便于控制。预先印制或设计好的直邮邮件便于广告主控制发行量和印刷质量。

人性化冲击力。广告主可根据特定受众的个人需求、欲望设计直邮，而又不冒犯其他潜在消费者或现有顾客。

专一性。不受其他竞争对手的伤害。

反应率高。在所有广告媒介中，直邮广告的反应率最高，约有15%的反应在第一周内出现，因此，广告主能够迅速判断广告是否成功。

可证实性。直邮广告有利于测试收件人对产品的接受程度，以及对定价、优惠、文案、销售说明等的反应情况。

直邮广告也有一定的不足。首先，成本高。在所有主流媒介中，直邮的单位成本最高，约为一般杂志和报纸广告的14倍。其次，投递不确定。大众媒介有精确的发布时间，但邮政服务无法完全保证投递时间和投递准确，电子邮件也有被当作垃圾邮件屏蔽的风险。再次，缺少内容支持。直邮必须在没有评论内容和娱乐内容的情况下抓住并长时间吸引读者的注意。从次，针对性不足。直邮广告是否有效取决于目标受众是否准确、名录是否正确，有些对象群收到的邮件太多，他们反倒对直邮广告不予理会。最后，态度不利。很多消费者把直邮广告看成垃圾，自然而然地把它们弃之一旁，而且他们还认为邮购的商品退货太难。

第三节　广告媒介组合

在广告运作的过程中，媒介策划是重要的组成部分，其目的是构思、分析和巧妙地选择适当的传播渠道，使广告信息能够在恰当的时机、恰当的场合传递给恰当的受众。其基本内容首先是根据营销目标确定媒介发布的目标,然后根据具体媒介的特点和效益指标测量情况选择合适的媒介作为本次广告运作的备选媒介,最后则考虑不同的媒介如何进行交叉组合,以取得更好的传播效果。当然,在确定媒介策划之后,执行媒介购买也是广告运作的重要环节。

一、媒介目标

媒介目标指的是根据营销所赋予的传播任务,将广告战略转化为可供媒介实施的目标和任务。媒介策划的目标通俗来讲包括如下内容:我们应在何处发布广告,在哪个国家、哪个地区或城市发布;广告应该向谁来发布;我们应该在何时集中发布广告;我们应该采用什么频率来发布广告;希望达到什么样的传播效果等。归结起来,我们可以把媒介目标分为地域目标、对象目标、信息目标和效果目标四类。

1.地域目标

在哪里发布广告是媒介广告发布的地理范围。从理论上讲,我们一般只要找到与广告主的分销系统覆盖的地理区域相吻合的媒介就可以了。当地理市场在某个产品种类或某个品牌上表现出特别强的购买趋势时,媒介策划人员就应该以地理性瞄准作为媒介发布决策的依据。地理性瞄准指在品牌表现出强劲购买趋势的地区发布广告的做法,例如,在华南地区,其种饮料的购买指数比全国的平均购买指数高30%,那么该地区的媒介广告就应该率先被考虑。但是,在实际运作过程中,确定媒介发布的地理范围并没有这么简单,它要受到许多因素的影响。比如,需要对品牌表现、竞争对手活动这类因素加以综合考虑的话,媒介目标的地理区域就会变得更加复杂。

2.对象目标

对象目标指的是媒介广告向谁发布,即选中的媒介必须能够到达目标受众。目标受众可以按人口特征、地理区域、生活方式或消费心态进行划分。一般的媒介调查公司可以提供目标受众的媒介习惯、购买行为方面的详细信息,这些信息可以大大提高媒介选择的准确性。调查人员不仅可以提供人口统计方面的信息,还可以提供品牌、购买量、购买频率、支付价格以及媒介接触方面的信息。具体包括了目标受众中有多少人尝试过我们的品牌;有多少人对品牌保持较高的忠诚度;购买我们品牌的消费者是否还经常购买其他产品;哪个网站、电视节目、报纸或杂志到达该品牌的受众人数最多等。

3.信息目标

信息目标指要发布多少广告,即广告发布的总量和信息力度。信息力度指媒介在一次排期中提供的广告信息总数或亮相机会。信息力度存在的一个重要问题是,测量数据中包含了重复亮相的次数。也就是说,某一条广告可能在计算信息力度时被重复计算。

信息力度通常用总印象数(Gross Impression,或称接触人次)来表示。总印象数指媒介计划中整个媒介投放的亮相总次数,或指一个媒介排期计划所接触的总人次。一般讲媒介的总受众规模乘以指定时间内所发布的广告信息次数,就可以得出总印象数,或潜在暴露次数,然后再计算每种媒介的总印象数,得出整个媒介排期的总印象数。

有的媒介排期规模较大,总印象数可能达到几百万次,为了避免数值过大,我们采用百分比的方法来表现这些信息力度。这个百分比就叫作视听率。视听率是指收看或收听某广告的个人或家庭占总人口或家庭数的比率。将几种媒介的视听率相加,就可以看出某一广告排期的信息力度。我们一般用毛评点(GRPs)来表示。如果某一排期有 160 个毛评点,那就表明我们在这个排期所产生的总印象数相当于占目标市场人口的 160%。广播电视媒体的毛评点一般以周或月为计算单位,报纸杂志等印刷媒体一般以整个广告活动的广告周期为计算单位,户外广告则以天为计算单位。

4.效果目标

媒介策划的效果主要可以通过到达率、有效到达率、暴露频次和有效频次几个概念来衡量。到达率是指目标受众在指定时间段内,至少接触过一次媒介载体和广告的非重复性个人或家庭数目,经常用百分数表示。所谓非重复性,是指在计算到达率时,一位受众不论接触特定广告信息多少次,都只能计算一次,因此到达率不可能超过100%,所以又称净到达率。到达率适用于一切广告媒体,唯一不同的是表示到达率的时间周期长短各异。一般而言,电视、广播媒体到达率的周期是四周,这是由于收集、整理电视和广播媒体的有关资料需要花费四周的时间。杂志、报纸的到达率通常以某一特定发行期经过全部读者阅读的寿命期为计算标准。以美国的《读者文摘》为例,平均每期的阅读寿命为11至12周。就是说,从杂志发行开始需经过11至12周才能到最后一位读者。户外媒体与交通媒体到达率的周期,通常为一个月。

到达率的计算中有一个问题是到达率这个数字并没有考虑到接收的质量,有些人虽然接触到了这个媒介,但并不一定就注意到这个信息,因此,从另一种角度看,到达率并不是衡量广告媒介成功与否的最佳尺度。于是,我们提出有效到达率的概念,来衡量收到并确实理解信息的人数的百分比。一般认为,某一广告在4周内有3次被看到的机会就足以到达一位受众。到达范围广的媒介非常有利于日用便利商品的广告发布,如牙膏和感冒药,这类产品的购买者往往来自市场的各个层面,电波电视、有线电视和全国性的杂志到达率最高,更适合发布这类商品的广告。

暴露频次指同一个人或家庭在指定时间内接触同一信息的次数,它表示媒介排期的密度。暴露频次的计算以媒介或节目的重复暴露为基础,其计算方法为平均频次=总接触次数(毛评点)/到达率。假设广告主在一个收视率为10点、每周播出2次的电视节目中投放4个星期的广告,这个节目的(非重复)到达率在这4周内为40%,那么,暴露频次就等于(10×2×4)/40

=2。也就是说,受众看见广告的机会平均为2次。与暴露频次相对应的概念是有效频次,即某人在信息产生效果之前必须听见或看见同一信息的平均次数。有效频次应该位于达到信息知晓目的的最小极和过度暴露的最大极之间。

5.媒介目标应用

到达率、频次和毛评点三个指标都可以用来衡量一则广告的效果。到达率表示广告运作者希望多少媒介受众一次或多次接触到该广告信息;暴露频次说明该广告信息将到达媒介受众的平均次数;毛评点是到达率和暴露频次的产物,表示该广告信息将到达媒介受众的重叠百分数"毛额"。在毛评点固定的情况下,收视率与广告播出档次、到达率与暴露频次即形成取舍关系,就到达率与暴露频次的关系而言,是成负相关的:高到达率即代表低暴露频次;反之,高暴露频次即代表低到达率。

到达率与暴露频次依赖广告预定刊播类型的程度很大,如在电视上把广告集中在少数节目中播出将会获得更多的暴露频次,而得到较少的到达率;与此相反,如果广告预定在许多节目中播出,则相应地会增加到达率,但获得的暴露频次较少。

在毛评点一定的情况下,到达率与暴露频次的一般成长过程如下:在媒介排期未执行前,所有的消费者皆未曾接触品牌广告,因此到达率与暴露频次皆为0。在媒介排期计划执行初期,消费者对品牌广告的接触次数大部分为少数几次,即暴露频次从0次开始累积到少数的1到3次。此时期的媒介暴露主要偏重在到达率的建立上,消费者的媒介接触从0次到1次或以上,即代表暴露频次的成长。在媒介排期计划执行一定时期后,在大部分消费者皆已接触过商品广告的情况下,到达率的成长放缓,媒介的暴露主要造成消费者频次上的累积,即暴露频次较低的消费者渐渐减少,而暴露频次较高的消费者渐渐增加。媒介越持续暴露,到达率越接近极限,此时媒介暴露所造成的将只是提高暴露频次累积的次数。

当然，在实际运作过程中，到达率与暴露频次并非一成不变地按照上述过程发展，它们之间的变化还会受到许多因素的影响。首先要受目标消费群的媒介接触行为的影响，如果目标受众为重级使用者，则到达率与暴露频次的建立较快；如果目标受众为轻度消费者，则到达率与暴露频次的建立相对较困难。其次要受媒介种类与载体的使用的影响，在相同预算规模（GRP）和暴露期间内，所运用的媒介类别和载具数量越多，所获得的到达率越高；运用的媒介类别和载具数量越少，则受众的暴露频次越高。

到达率与暴露频次的成长过程带给媒介操作的启示是，尽量通过媒介选择减少低于或高于有效频率的比率，使数据向设定的有效频率集中。一般在做新产品、副品牌、竞争力强的品牌的加盟、有着广泛的目标市场以及一些不经常购买的产品的媒介广告时，需要强调到达率。而一般面对竞争者比较强大、产品信息复杂、经常购买的产品、品牌忠诚度较弱、目标市场狭窄以及消费者对品牌或类别有抗拒心理的情况时，需要特别强调暴露频次。

二、媒介选择

媒介选择环节的任务主要是明确媒介策略在媒介类别与载具方面的选择方向。通过对媒介的“质”的分析判断，选择出媒介类别和载具的采用方向；通过对媒介的“量”的分析、计算和判断，选择出真正所要使用的媒介类别和载具。

1.媒介选择的指标

（1）媒介的质

指的是不能根据统计加以量化，但实际影响媒介投资效果的因素。媒介的质的因素强调的是媒介说服的深度和效果。一般评估的主要项目有：

接触关注度：受众注意力集中地接触媒介时，其广告效果会比漫不经心地接触媒介时要高。接触关注度指受众接触媒介的质量。

干扰度:指的是受众在接触媒介时,受广告干扰的程度。广告接触对受众来说,通常不是目的性的行为,所以广告所占媒介时间或版面的比例越大,受众受到的干扰就越大,广告效果就会越低。

编辑环境:指的是媒介载具所提供的编辑内容,对品牌及广告创意是否适合,及适合的程度。载具本身的形象以及载具的地位与素质,常被用来说明、评估此指标。

广告环境:指的是媒介载具承载所有内容后,所呈现的媒介环境。它与干扰度不同,干扰度是通过计算媒介载具内广告的量来衡量的,而广告环境则指载具内广告的质。

相关性:指的是产品类别或创意内容与载具本身内容主题的相关性,比如运动主题、婴儿主题等。相关性的意义在于,受众对于该类型内容的载具有较高的兴趣,因此他们会选择接触该载具。据此,品牌也可以接触到对本品类或创意有兴趣的受众群体。

(2)媒介的量

对媒介进行量的评估,可以在三个层面上展开:受众、区域、媒介。首先,我们可以从受众的角度,了解对象阶层在各区域内对各媒介的接触状况以及媒介的受众构成,主要用来在对象阶层确定的情况下,分析阶层的接触状况;其次,我们可以从区域的角度,了解该区域中各媒介的受众构成,及各对象阶层的媒介接触情况,并由此提供当地媒介市场的情况;最后,可以从媒介的角度,了解该媒介在各区域的受众构成,及对象阶层在各地区的接触状况。

对媒介进行量的评估,主要指标有:

收视率:暴露于一个特定电视节目的人口数占拥有电视人口总数的比率。

收视人口:暴露于某一特定节目的人口数。

开机率:所有拥有电视机的家庭或人口中,在特定时间段里,暴露于任何频道的家庭或人口的集合。

家庭开机率:在特定时段里暴露于任何频道的家庭数,占所有拥有电视机的家庭的比率。

个人开机率:在特定时段里暴露于任何频道的人口数,占所有拥有电视机人口数的比率。

对象收视率:在确定的商品的对象消费群中,暴露于一个特定电视节目的人口数,占所有对象消费群人口的比率。

观众组合:一个电视节目的各阶层观众,占所有该节目观众的比率。

发行量:刊物发行到读者手上的份数。包括订阅发行量、零售发行量、赠阅发行量。

稽核发行量:由独立的第三方对刊物发行量加以查证后,所提供的发行量数据。

阅读人口资讯:包括一个市场各阶层对某个刊物的接触情况、一份刊物在各市场的读者组合,及对象阶层在各市场的阅读率和阅读人口。

印制量:一份刊物每期印制的份数。

阅读人口:固定时间内阅读特定刊物的人数。

阅读率:固定时间内阅读特定刊物的人口占总人口的比率。

对象阅读人口:固定时间内,对象阶层阅读特定刊物的人数。

阅读人口特性:每份刊物阅读人口的统计变量结构,包括性别、年龄、教育、职业、收入等,其计算方式与电视的频道或节目的观众组合相同。

刊物地区分布:对于跨地区发行的刊物而言,刊物在不同区域内有不同的媒介接触情况,形成刊物在地区分布上的差异。

媒介的尺度:户外载具本身的形式及大小,即载具本身被注意的能力。在评估上可以从高度、尺寸、能见角度、材质及暴露时间等项目上进行检测。

户外载具的受众量:目标对象在活动路线上可能接触到的户外广告的地缘位置价值,即户外载具可能接触的目标消费者的数量。

千人成本：对于不同的节目或版面，广告每接触1 000人所需花费的金额。

收视点成本：对于不同节目，每购买一个收视率（点）所需要花费的金额。计算时可用节目广告单价除以节目收视率。

2.媒介选择的方法

（1）根据目标市场选择

在现代市场营销概念下，每一个产品在设计定位与销售时都有特定的目标市场，广告的目标对象应该服从于产品的目标市场。因此在进行广告媒介选择时就应该对准这个目标市场，使广告宣传的范围与产品的销售范围保持一致。如果某种产品以全国范围为目标市场，就应在全国范围内展开广告宣传，其广告媒介应选择覆盖面大、影响面广的传播媒体，如全国性的电台、电视台、报纸、杂志以及交通媒体等。如果产品采取的是利基战略，以特定细分市场为目标市场，那么在选择广告媒介时应考虑何种传播媒介能够有效地覆盖与影响这一特定的目标市场，一般可以选择有影响力的地方性报刊、电台、电视台、户外媒体、交通媒体等。

产品的适用对象也是目标市场的一种表述，因此不同的适用对象也影响广告媒介的选择。如广告产品为美白养颜化妆品，那其消费对象一般为女性，主力购买人群为年轻女性，广告在投放时就应该选择这些人群最经常接触的媒体，如电视、时尚杂志等。如果广告产品是化肥、农药等农资产品，其适用对象为农民，那么就应该选择农民喜闻乐见的传播媒体，如电视、户外墙体、售点媒体、宣传单等。

（2）根据产品特性选择

产品的类别纷繁多样，特性也各有不同。广告产品的类别、性质、特色、使用价值、质量、价格、包装、产品服务等都对广告媒介选择有着直接或间接的影响。一般来说印刷类媒体适用于规格繁多、结构复杂的产品；电视媒体适合宣传和展示那些色彩鲜艳并有一定技术难度的产品。面向非个体消费者的工业品，如机械设备、原材料等生产资料性产品，如果技术性较强、价格昂贵、用户较少，那么就适合选择专业杂志、专业报纸、直邮、产品目录或展销展览类媒体；如果工业品的技术含量不高、价格适中、用户较多，那么选择电视和一般报刊则比较适合。消费者在购买生活消费品时付出的情感较多，因此这类产品选择电视、杂志等能展现情绪化和感染性要素的媒体较为合适。

(3)根据消费心理选择

广告必须要通过消费者的心理接受来影响销售，人们在接收广告信息时，由于时间或空间的限制，不一定是看到了广告信息就一定会去购买，这中间需要一定的阶段和过程。广告影响消费者行为有所谓的“AIDMA”法则，即人们首先要注意到广告信息，紧接着对广告信息产生兴趣，以至于产生购买的欲望，并记忆广告信息，最终实施购买。为了让消费者能够尽快地注意到广告信息并产生深刻的记忆，广告就应该遵循相应的心理规律，加深和强化消费者对广告的记忆和印象。如某企业推销的产品是在全国范围内销售，那么这家企业除了选择全国性的有影响的电视媒体外，还应该同时选择辅助性的报纸媒体和广播媒体等，并认真考虑传播信息的层次性和连续性，以强化消费者记忆，指导消费者购买行为。

(4)根据广告预算选择

因为媒介的特性和传播效果不一，所以广告媒介的价格不等。广告主能够投入多少经费会直接影响我们对于广告媒介的选择。一些效益不太好的中小企业，其广告费用预算不高，就不大可能选择报纸、杂志、广播、电视等较为昂贵的广告媒介，而倾向于选择交通媒体、户外媒体、售点媒体和宣传单等。一些大型企业或知名品牌，效益较好，广告费用预算也较高，因此喜欢选择报纸、杂志、广播、电视等影响力较大的媒体来做广告，当然这些媒体的广告价格也较高。因此，企业应该针对自己可以承担的广告开支状况，在广告预算许可的范围内，有选择地做出较为合理的广告媒介使用计划。

(5)根据广告内容选择

就广告本身来说,它有许多的形式和类型。它可以是文字的,也可以是图像的;可以是静态的,也可以是动态的;可以是以传播声音为主的,也可以是以展示画面为主的;可以是黑白的,也可以是彩色的;可以是情节故事型的,也可以是形象展示型的。不同的广告内容与形式也会影响广告媒介的选择。如果是以文字为主的广告,就应该选择报纸杂志等印刷媒体;如果是以彩色画面和动作为主,就应该选择电视媒体;如果广告中有大量的音乐、音效、歌曲、音响等,广播媒体就较为适合了。黑白的文字广告当然要选择报纸媒体,彩色的文字广告或形象广告选择杂志则更为明智一些。如果有故事情节,电视广告最为适宜,如果只是单纯的画面形象展示则应选杂志广告。

三、媒介组合

媒介组合是指在同一个媒介计划中两种或两种以上的不同媒介组合起来使用。因为每一种媒介都有其长处和短处,将各种媒介组合起来使用可以强化各媒介的优势,弥补其不足,发挥最佳的媒介效果。

1.媒介组合的优势

媒介组合可以扩大传播范围。单一的媒介无论传播范围如何广泛,也不会毫无遗漏地覆盖所有区域,而组合利用媒介则可以使不同媒介覆盖区域相互补充,确保广告活动影响到单一媒介所遗漏的目标受众。

媒介组合能够提高广告的到达率。不同媒介之间的受众群虽然存在部分重合,但在很大程度上也存在差异,多种媒介同时发布可以提高广告的到达率。

媒介组合可以使各种媒介之间的优势形成互补,如可以通过广播电视广告的感性诉求提升产品的知名度,而通过报纸杂志等印刷媒体的理性诉求来加深消费者对产品的了解。

媒介组合可以进一步降低成本。媒介特点不同,价格也各不相同,一般情况下电视广告的费用要高于其他媒介形式,如果单纯运用电视广告,则广告预算不菲。而综合运用多种广告媒介则可以适当降低成本,使用较低的费用获得较高的广告到达率。

具体来说,报纸与广播配合,可使不同文化程度的消费者都能接收到广告信息;电视与广播组合,可使广告受众遍布城市和乡村;报纸电视同售点广告结合,有利于提醒消费者购买已有印象或购买欲望的产品;报纸与电视搭配使用时,一般可以报纸为先锋,对产品进行详细解释后再运用电视进攻市场,这样可以使产品销量逐步增长;报纸与杂志搭配,可用报纸做强力销售,用杂志广告来稳定市场,抑或用报纸作区域宣传,用杂志做全国性大范围宣传;邮寄广告与报纸电视配合,可以利用邮寄广告做试探性宣传,用报纸和电视广告做强力推销,以取得大面积销售效果;邮寄广告、售点广告与海报配合,可以对特定地区进行广告宣传,巩固和发展市场。

2.媒介组合的方式

媒介组合的方式有两种,一种是集中式媒介组合,另一种是分散式媒介组合。

集中式媒介组合是将大部分媒介发布费集中投放到某一种媒介上,其他媒介则进行必要的配合。这种做法可以使广告主对特定的细分受众产生巨大的作用,尤其是被那些接触媒介有限的受众所接受。集中式媒介组合具有很多优点:它可以让广告主在某一种媒介中占有绝对优势;可以提高品牌的熟知度;可以有充足的预算资金保证只在非常显眼的媒介,如黄金时段的电视节目或一流杂志的大型广告版面中发布广告;可以使流通渠道产生热情,形成品牌忠诚;对于采用高度集中式媒介亮相的品牌,分销商和零售商也可能在库存或店内陈列方面给予照顾;集中的媒介费可以使广告主获得媒介组合的可观折扣。

2005年6月至7月，乐百氏桶装水在进行广告传播时，创造性地以《乐百氏创新饮水故事会》连环画册为核心传播媒介和沟通工具，以社区海报、宣传单、展示架等售点POP广告作为辅助工具，从准公益的角度同社区核心家庭沟通。借“六一”之际，宣传饮用安全的水对孩子健康成长的重要性，以儿童为切入点逐步影响社区核心家庭决策者。画册专门邀请了国内顶级的连环画创意团队精心绘制了6个图文并茂的益智故事，共40页，每页上都附有健康饮水小常识，希望能够帮助小朋友了解饮水知识和节约用水的重要性。乐百氏水宝宝是贯穿始终的重要符号。从“小朋友，我是乐百氏水宝宝”到每一页乐百氏水宝宝的健康饮水小常识，到每个益智故事后总结的“小哲理”，都有乐百氏水宝宝的身影。在故事会最后，乐百氏水宝宝还提醒读者：喝乐百氏桶装水，请拨打订水电话。这样的单一媒介形式新颖，儿童、家长都愿意接受和留存，既集中针对了目标消费人群，又节省了大量的广告媒体费用。

分散式媒介组合是采用多种媒介到达目标受众的组合方式。分散式媒介组合有助于广告主到达多个细分市场。借助不同媒介的组合，广告主可以在不同的媒介中针对不同的目标受众，发布不同的信息。分散式媒介组合优点也有很多：它可以保证广告主针对每个目标受众在产品类别或品牌方面的特殊兴趣，生产专门的信息，使这些信息到达不同的目标受众；它能够将不同媒介中的不同信息送达同一个目标，巩固目标受众的接受效果；相对于集中式投放，分散式媒介投放可以提高信息的到达率；分散式媒介组合更有可能到达那些接触不同媒介的受众。但是，由于不同的媒介要求进行不同的创意活动和制作活动，使用分散式媒介组合可能导致广告的预算费用大幅增加，因为分别制作广告的印刷版本和电视版本可能会分散广告主的媒介费用，同时进行多种准备往往会降低总印象数和毛评点。

2005年金六福策划执行了以“春节回家·金六福酒”“我有喜事·金六福酒”“中秋团圆·金六福酒”为主题的三大“新民俗”广告活动。这三次广告活动几乎覆盖了全国主要的大中型城市，其中运用的媒介包括了电视、电台、杂志、户外媒体。其中户外媒体有单立柱、插牌、吊旗、灯箱、路牌、车身、全国主要机场的安检篮等，在终端销售渠道上更是使用了商场堆头、提袋、条幅、易拉宝，整合了大部分常规广告媒介，尽可能多地覆盖了目标忠实消费群以及潜在消费群体。

四、媒介排期

媒介排期贯穿于整个策划活动中，侧重于与媒介时机和效果相关的几个问题。在安排投放计划时，要对时机、到达率、频次以及竞争媒介分析等各个方面进行评估。除此之外，还要对整个媒介排期的千人成本或总印象数进行评估，测算整个排期在每一个时间段内产生的效果。季节性购买趋势也会对排期产生重大影响。媒介排期的方法主要由如下几种：

1.持续式排期

持续式排期是指在一段时间内匀速投放广告的形式。如连续 6 周每天在某电视剧的播映时间内插播一次广告，全年在每期杂志上都刊登一页广告等。它的优点在于广告连续出现在消费者面前，可以不断地积累广告效果，并有效防止广告记忆下滑，持续刺激消费动机。其缺点则是在预算不足的情况下，采取持续性策略可能冲击力不足。采用这种方式的产品主要有汽车、电视、房地产以及一些日常用品等，因为这些产品我们一年四季都可能用，没有什么季节性差异。如果广告主要求在一年 52 周之内实现2 600的毛评点，那么连续式排期的方式则要求媒介每周必须达到 50 个总收视点。

2.起伏式排期

是指在一段时间内大量投放广告，然后在下一段时间内停止全部广告，有广告期和无广告期重复出现，形成媒介投放的间歇期。它比较适于那些在一年中需求波动较大的产品和服务,如季节性销售或新产品上市,或用于反击竞争对手的活动。这种排期方式的优点很多,如可以依竞争需要,调整最有利的暴露时机;可以配合铺货行程及其他传播活动行程;可以集中火力以获得较高的有效到达率;可以因为集中大批量地购买媒介而获得媒介折扣;可以产生机动和弹性效果。当然,它也可能因为广告空档过长,而使受众广告记忆跌至谷底,从而增加消费者再认知的困难,并可能面临竞争品牌以前置方式切入广告空档的威胁。如果仍然是一年内2 600个毛评点的要求,那么起伏式排期可能以两周为一个广告波段、每周 100 个总收视点的间歇投放,全年便可实现2 600个收视点。适合起伏式排期的产品包括感冒药、特殊衣服、啤酒等。

3.脉冲式排期

就是将连续式排期技巧和起伏式排期技巧结合到一起的一种媒介排期策略,指的是广告主在连续一段时间内投放广告,但在其中的某些阶段加大投放量。这种排期适合消费者购买周期比较长的产品,其优点在于可以持续累积广告效果,可以依品牌需要,提高在重点时间段内的暴露强度。其缺点是广告费用较高。采用这种方式的产品主要有软饮料、空调等,这些产品全年都在销售,但是在夏季需求会更旺盛。仍以全年2 600毛评点计算,全年52 周,每周都会有广告投放,但特殊广告波段的毛评点会高于 50,部分周将维持低于 50 点的平均数值,但全年毛评点仍为2 600点。

4.其他排期

除以上排期方式外,媒介投放还有集中式排期和路障式排期等。集中式排期是将广告安排在一个特定的时间段内集中发布,集中力量发起突击性广告攻势,这种策略由于在较短时间内集中多种媒介进行广告宣传,无论是策划、组织还是实施都较为复杂,因此运用难度相对较高,风险较大,如果缺少后续工作,强大的广告攻势之后容易热潮消散,极易造成产品销售的忽冷忽热。这一策略适用于要在短时间内打响产品知名度的产品。路障式排期是集中式排期的变种，是确保广告能在固定的时间被看到的集中排期，如在三家电视台买下周日相同的时段，集中播放，以保证目标对象能够有充足的机会看到广告。

五、媒介购买

一旦整个媒介计划和媒介排期准备妥当，广告工作重心就应该向媒介购买转移。媒介购买即购买排期指定的电子媒介时间和印刷媒介版面。

在媒介购买过程中，广告主会为购买媒介的时间和版面而选定一家广告代理公司。有些广告公司设有媒介购买部，负责媒介的策划和购买事宜。代理公司负责协调、商谈所有的时间和版面购买合同，而参与广告活动的其他公司则要在这些合同中提出自己的时间或版面要求。也有一些广告主通过专业的服务公司来完成媒介购买。媒介购买服务公司专门批量购买媒介的时间和版面。无论采用哪种方式购买媒介，媒介购买人员都必须对媒介的到达率、千人成本和时机进行评估，负责媒介购买的机构还必须监测广告发布，并测算广告的实际到达率。

对广告运作人员而言，在选择媒介购买服务公司时一定要慎重。一般我们可以参考下面这些建议，作为考察和评估其能力的依据。

第一是提供效率的能力。效率不仅仅指提供服务的速度，还包括用最低的价格获得最大的媒介效益。前者从工作人员的态度、能力及该公司的沟通模式考察；后者则与该公司的广告投放量及媒介相关。因此，参观一下该公司的办公室是有必要的。

第二是科学化媒介分析的能力。不少企业打算或已经使用媒介服务公司的主要原因，在于他们可以提供非常科学化的提案，以降低广告投资的风险。科学化分析需要大量可用数据（独家或共用资料）作为依据，因此该公司媒体调研操作的分析及开发能力尤其重要。由于不少数据是通用的，如收视率等，所以这方面的考察未必只是靠数据的多寡，更重要的是运用一定的数据进行分析的能力。

第三是针对特定的客户市场选择相关媒介的能力。这点要看媒介购买服务公司的人员是否善于恰当地运用媒介来传达广告信息，从而帮助客户树立品牌形象、扩大销售规模。关于这一点，最好的证明莫过于其以往的案例。

第四是媒介购买服务公司的形象及对媒介的信用度。由于目前部分国内媒体的操作仍未达到十分专业的阶段，欠款问题时常困扰各相关合作单位，选择合适的媒介购买服务公司对客户形象及以后跟媒体的合作都很有帮助。

第五是了解媒介购买服务公司的优劣势。某家媒介购买服务公司的优势可能体现在某类媒体，如电视或者户外媒体，也可能体现在某个地区，如大城市或小城市。对于企业来说，关键是找寻最适合自己的服务代理公司。

第六是媒介购买服务公司的培训能力。调研数据在不断增多及更新，栏目在不停改版，广告学科也在不断改进，所以培训是必需的。培训对象不仅包括客户，还包括公司内部的员工。因此，接受媒介购买服务公司的培训，可以从侧面了解该公司的实力。

在实施媒介购买的过程中，对广告代理公司和企业来说，最主要的是理解“价值”的重要，而不是“价钱”的高低。衡量价值的公式是“质量除以价格”，千万不能只以价格作为衡量和取舍标准。媒介服务是以专业媒介知识去做合理的策划，执行并完成，这样才可能把广告信息的传播效果、传播水平发挥到最好。

第四节　广告媒体创意与创新

在广告日益成为经济活动重要组成部分的今天，广告创意与设计的经济性、艺术性以及更有效吸引受众和消费者注意并引起购买欲望和行为的要求越来越被我们所看重。广告创意与设计是广告运作中的关键环节，是商品信息传达的基本形式。媒体在广告设计传播中发挥的作用尤其重要，麦克卢汉就曾提出“媒介即信息”的观点。广告媒体一般可分为传统媒体和新媒体，传统媒体以报纸、杂志、广播、电视等大众传播媒体为主，主要为线下媒体，这类媒体向最大范围内的受众传播广告信息，具有覆盖面广的特点。传统媒体也包括诸如户外广告、POP 广告、DM 广告、公共交通广告以及在各种促销和公关活动中采用的广告媒体，这类广告媒体同大众媒体相比覆盖面窄，但针对性和目标性强。新媒体包括互联网、手机、数字电视等，笔者认为新媒体不仅仅是新兴技术所带来的媒体变革，也可以是传统媒体的创新性使用以及原来不具备广告传播功效的媒体现在被重新开发和利用，这些都应该属于新媒体的阵营。本节中讨论的广告的媒体创新不仅包括新技术革新所带来的媒体形式的变革和发明，更包括在商业原则与艺术特色指导下追求更佳传播效果的媒体形式的创意设计。

一、广告媒体创意与创新的动力

1.广告媒体的历史

人类社会自诞生以来，传播发展经历了五大里程碑式的媒介变革，即语言、文字、印刷技术、电子媒体和网络。体现在广告媒体形式上，有口头广告、实物广告、旗帜广告、标牌广告、印刷广告、广播广告、电视广告以及网络广告等。在不同历史时期,不同的广告媒体形式占据统治地位。

以大众传媒的发展历程来看,在19世纪以前,媒体和报纸始终被视为同义词。一直到19世纪后半期,杂志加入后,才使媒体生态变得具有竞争性。事实上,西方最早的广告公司都是以媒体买卖作为唯一业务的,那是媒体掮客的时代。1920年匹兹堡KDKA电台开播,报道Harding与Cox的大选情况,广播才正式加入媒体大战。在两次世界大战间隔期间,一些非主流的媒体也开始慢慢出现,范围从空中广告到火柴盒包装广告等。在这一时期,户外媒体慢慢成为重要广告媒体,地铁、巴士都在车体的两旁和车内车窗上方刊登广告。广告公司的媒体部门很快就掌握并运用了这种媒体。1939年纽约世界博览会开幕,电视开始被视为极具潜力的媒体,但随后的第二次世界大战让这一趋势戛然而止。直到1947年,电视作为广告媒体的威力才重新被人所认识和接受,众多广告迅速投入到这个五彩斑斓的媒体中来。接下来的近半个世纪里,西方的广告代理商一直以报纸、杂志、广播、电视和户外作为完整的广告媒体选择体系。20世纪70年代之后,一种改造的电视媒体在美国崭露头角,这就是有线电视。在CNN的不懈努力下,有线电视以其能区隔消费群体并接触特殊消费群的优势而受到广告代理商和广告客户的青睐,迅速压倒了报纸和杂志,并一直延续至今。进入90年代,网络又迅速兴起,并逐渐在民用领域繁盛起来,一些新型的媒体也不断被开发出来,广告传播媒体进入了多元并存的时期。

2.媒体创意的环境分析

在广告传播活动中,媒体是一个重要的环节、介质,同时也是决定广告效果的重要因素。广告策划运作与设计表现过程是一个各方协调、各种知识内容融合的过程,广告创意的精彩最终要通过广告表现与执行完成。著名的传播学者拉斯韦尔提出传播活动具有五个要素,即谁、什么信息、通过什么、传达给谁、有什么效果。在广告设计活动中,“通过什么”即表述媒体介质的概念,没有了媒体的存在,广告信息势必无所依附。同时,广告媒体在信息传播过程中因媒体特点不同,商品信息传播的效果也有所差别,受众范围广、形式独具创造性的媒体效果自然就好,反之亦然。正因为在广告设计传播活动中,媒体的营销效果具有重大价值,广告公司和广告主都把媒体的开发与选择当作广告传播过程中的重要工作来做。以网络媒体为代表的新媒体的不断涌现和所受到的高度重视就是这一传播意识的集中体现。

媒介的传播作用只是广告传播活动中越来越推崇新媒体或媒体创新的一个基本原因,其背后隐藏的是广告人对于以广播、电视、报纸、杂志等为主的传统媒体样式和媒体表现形式传播效力不断降低的担忧和积极应对。在现实传播环境中,至少有如下三方面因素在影响着传统媒体效力:其一,市场与消费观念不断变化。市场营销理论由4P到4C的转变是市场观念变化的集中表现,在4C理论下,消费者是商品生产、信息传播和促销的出发点,市场营销由硬性推销向软性说服改进,同时消费者的消费模式也由AIDMA进化为网络媒体环境下的AISAS,突出强调了消费者接收商品信息的搜索(Search)与分享(Share)的需求,这正是新媒体尤其是网络媒体可以提供的功能与价值。其二,消费者求新与个性化需求意识不断增强。对于消费者来说,经历了量的消费、质的消费的各个阶段之后,已进入到个性与情感消费的阶段,传统的品牌号召力的观念在消费者心目中已被颠覆,符合自己的个性化需求成为消费者选择品牌与产品的第一考虑要素,因此沟通方式的创新与变革需求与日俱增。媒体创意和创新设计更加注重在品牌和广告传播活动中同消费者个性和心灵的共鸣,体现对于利基市场消费心理的准确把握和有效沟通。其三,媒体技术环境与信息观念不断变化。旧有媒体的技术条件成熟多年,媒体的新奇性和吸引眼球的能力渐趋平庸,而新的媒体样式和改造过的传统媒体或者新旧技术结合创设的媒体样式与旧有媒体相比新颖性大增,传播效果独树一帜。另外,媒体不仅仅是信息传播的载体,加拿大传播学者马歇尔·麦克卢汉30年前就提出"媒介即信息"的观点。在现在技术条件不断延伸和创新的情况下,这个观念依然适用,新媒体和创新媒体设计延伸了人的各种感官和接受能力，变革了人们获取信息的方式，同时也改变了人们对待信息的观念。

因此，媒体创新的提出是应对传统媒体效力减弱的重要策略，也是丰富消费者商品信息获取方式、改革消费者信息获取观念的重要手段，媒体创新更能丰富广告设计和商品传播活动的内容。

3.新媒体与媒体创意对于广告传播的意义

媒体创新与新媒体技术的发展，使得信息传播有了革命性的进步，尤其是对于广告信息传播来说，产生了巨大的影响和推动作用。这种影响主要表现在前者对于后者信息传播量和传播效果的刺激与提升上，体现为对于品牌形象提升的重要价值。

（1）新媒体与媒体创新使得广告信息传播获得更快捷的速度

就传播速度来说，在实物媒体与口头媒体的时代，信息传播速度是最快的。人们将商品以声音或实物的形式展现在受众面前，但这种传播方式的效率非常差，它们讲求直白性，但并不很在意传播的艺术性以及如何更好地吸引人。进入多媒体与新媒体时代，印刷媒体与新媒体如网络相比，传播内容经过了印刷的程序，其传播效率大大提高，但传播的便捷性却不及以网络为代表的新媒体。后者不用等待印刷的过程，其发布速度大大加快。而对于传统媒体要素的创新使用来说，网络媒体传播速度的优势并不十分明显，但在消费者获取信息的便捷性上却经过了深刻的思索和考虑。在这个传播过度的社会里，新媒体和媒体创新都试图使广告信息不再是消费者认为的媒体负担，而是随时可以获取帮助的信息伙伴与朋友，新媒体因为快捷与便捷而使得信息与人的关系变得亲切了。

（2）新媒体与媒体创新可以实现更独特、更综合、更有效的视觉传播

在传统的平面媒体广告设计中，如果增加大量动态图形、声音等，可以进一步提高传播效果，以综合方式对消费者进行立体的和多方位的品牌传播。媒体创新是对传统媒体广告信息传播形式的创新性使用，是在充分了

解和分析原有媒体优劣势基础之上进行的改善和创造。因此,它一般在传播方式上都进行创新的处理,尤其是在广告的形式上力求与众不同。原来平面的传播,通过创新使用变得立体起来;原来单一视角和静止的传播,变得多样化与运动起来。这样一来,广告信息的传播通道就不只视觉一条,而是变得多方位、多渠道了。新媒体技术更是如此,以网络为代表的新媒体广告作品融合了文字、图形、图像、声音、动画等表现方式,进行综合而非单体的设计创意与信息传播。这种多角度、全方位的视觉传播正是现代信息社会视觉传达的新特点,是一种具有综合功能和效果的新的设计语言。

(3)新媒体与媒体创新能最大限度地提升受传者的地位,实现更及时、准确的信息反馈

大众媒体传播的一个劣势是在信息反馈方面比较滞后,因为是一对多的传播,传播的覆盖面虽广,但传播之后的效果却不能立即获知和掌握,这是传统大众媒体的特质劣势也是技术劣势。而新媒体技术能将大众媒体的一对多传播变为一对一传播,这种传播方式能有效地实现传者与受众的单独沟通,也就容易实现及时与准确的广告信息反馈。创新使用的传统媒体也是如此,尤其是一些在传统观念中不作为广告媒体使用的媒介,在一切皆媒体的传播意识中,它们被创造性地使用。它们的媒体设计本身就已经注意到了互动和信息反馈的内容。更为重要的是,新媒体技术使得媒体内容的发布权和控制权部分转移到消费者和受众身上,从而使得原来信息的被动接收者也成为信息的发布者,他们对于产品或品牌的好感或不满都通过这些新媒体技术释放出来。如电通公司立足 Web2.0 而建立起来的 CGM 系统。CGM 是 Customer Generate Media 的简称,即消费者生成媒体,包括了博客、讨论区、维客等各种 Web2.0 网络环境下由消费者亲自参与并掌握内容的媒体。消费者在这些媒体上发布关于商品的评价信息,电通公司通过相关软件进行统计分析,提取对于品牌形象传播有价值的内容,判定消费者的倾向性。

二、广告媒体创意与创新的方式

在广告创意与设计过程中，注意媒体的传播效力，提高广告本身的传播效果是媒体创新的核心目的。为了实现这一目的，我们一般采用如下方式：寻求更新、更多的媒体选择；对旧媒体进行改造；进行突破性的媒体形式创意；选择互动与双向的媒体传播方式等。

1.进行新媒体的开发和完善，为广告传播提供更多样化的媒体选择

对广告传播的“新媒体”可以有两种理解，一是指以新技术为主要特点的新式媒体的设计与开发；二是指以往所不见于广告传播的媒体被挖掘和利用。前者以网络和手机媒体为代表，后者则范围广泛，也更能体现媒体创意和广告创意策划人员的素质与能力。

网络媒体作为新媒体的代表，其广告发布和创意设计日渐成熟。网络媒体将控制信息的主动权授予消费者，并将其分割合并为许多具有共同性的群体。网络广告形式多样，有网幅广告、文本链接广告、电子邮件广告、插播式广告等。建立在网络广告传播基础之上的网络游戏嵌入式广告、电子邮件病毒式营销等新型营销方式也显示出强大的传播效力。尤其是Web2.0、Web3.0、Web4.0的出现，受众的独立自主性以及自由搜索与发布信息的能力大大提升，网络广告的目的性、针对性也提升到一个新的阶段。网络广告成为新媒体广告的领航者。建立在网络传播基础之上的4G手机，如今也成为移动互联网的个人终端平台。它能做到随时接触、随时传播、随时反馈，这种一对一到多点互动、即时定向的便携移动媒体，让广告主发现了广告传播的新天地。

除了媒体技术革新带给我们的新型媒体形式外，以往所不使用的一些媒体也成为广告传播的新平台。奥美360度品牌传播提出，凡是品牌同消费者接触的所有环节都应该成为传播品牌理念的战场，所有的接触物都是品

牌传播的媒介。大到航天飞机、摩天大楼，小到笔墨纸张，消费者处在广告媒体的重重包围之中。宠物食品的广告借用地下车库的自动栏杆配以宠物模型诉求该食品能使宠物牙齿健康、坚固，虽然升降杆上下随时变化，但宠物却一直顽固地咬在上面。珠江纯生啤酒的广告则借用出租车后车窗可以随意上下开启的特点，让受众切身体会酒满心醉的感受。

2.关注传统媒体的改造，完善旧媒体，发扬其优势，更好地服务于商品的品牌传播

传统媒体，即报纸、杂志、广播和电视，也在媒体创意设计的浪潮中不断改造，创造出新的样式和传播形式。报纸和杂志除了占据内容优势之外，最突出的改造形式就是电子版的推出。电子报刊通过网络或手机媒体传播，既不会影响本地纸质媒体的发行量，又不用考虑印刷费用和复制成本，同时还能打造一个富有活力的年轻读者群体，并将地方报刊扩展为世界报刊。电子报的广告方式多样而丰富，可以也势必会大大增加传统媒体的广告收入。传统户外海报和平面媒体也因新技术的介入而变得丰富起来，如分众传媒的公寓电梯联播网，即框架媒体，就是制作高像素平面画面，将其做成标准尺寸的平面看板，悬挂于中高档写字楼、商住公寓、社区等楼宇电梯内、电梯等候区和候梯厅的墙壁上，把简单的平面媒体变成了网络。此后，分众传媒又推出数字框架媒体 2.0，它基于液晶显示屏技术，整合了为客户设计的计算机技术，采用了高分辨率显示屏、内置声音、多线程、全角度、红外和远程控制技术，可以发布高质量显示效果的广告。框架 2.0 可以存储超过1 000张图片及客户信息条目，可以根据客户需求灵活地定制显示顺序，大幅度地增加了眼球空间的附加价值。平面媒体不断向数字媒体和网络媒体的方向迈进。

另外，平面媒体尤其是报纸和杂志在广告创意和设计过程中充分利用系列性特点，制造悬念，吸引读者注意也成为此类广告在发布和设计过程中很好的一种改造方式。马来西亚石油公司进入中国市场时创作了一系列报纸广告，分别以“你知道马师傅吗?”“马师傅来自马来西亚……”“马师傅来

自 F1 赛场……”“马师傅现已来到中国……”“嘿,我就是马师傅”为标题,前四个广告以通栏形式发布,除标题和马石油标志外无其他内容,后一个广告以半版形式发布,较为详细地介绍了马石油公司生产的润滑油产品。它充分利用人们在阅读报纸时的阅读习惯和视觉流程,在不同版面发布不同内容信息,让读者经历一个兴趣不断增加的欣赏过程,达到了引进品牌、提高品牌知名度和认知度的目的。日本绘本作家渡边千夏曾绘制《今日点心》『きょうのおやつは』一书(见图 5-24),为食谱开出一条立体创意先路,让纸质书看起来更接近现实,这对广告创意人来说是很好的启发。

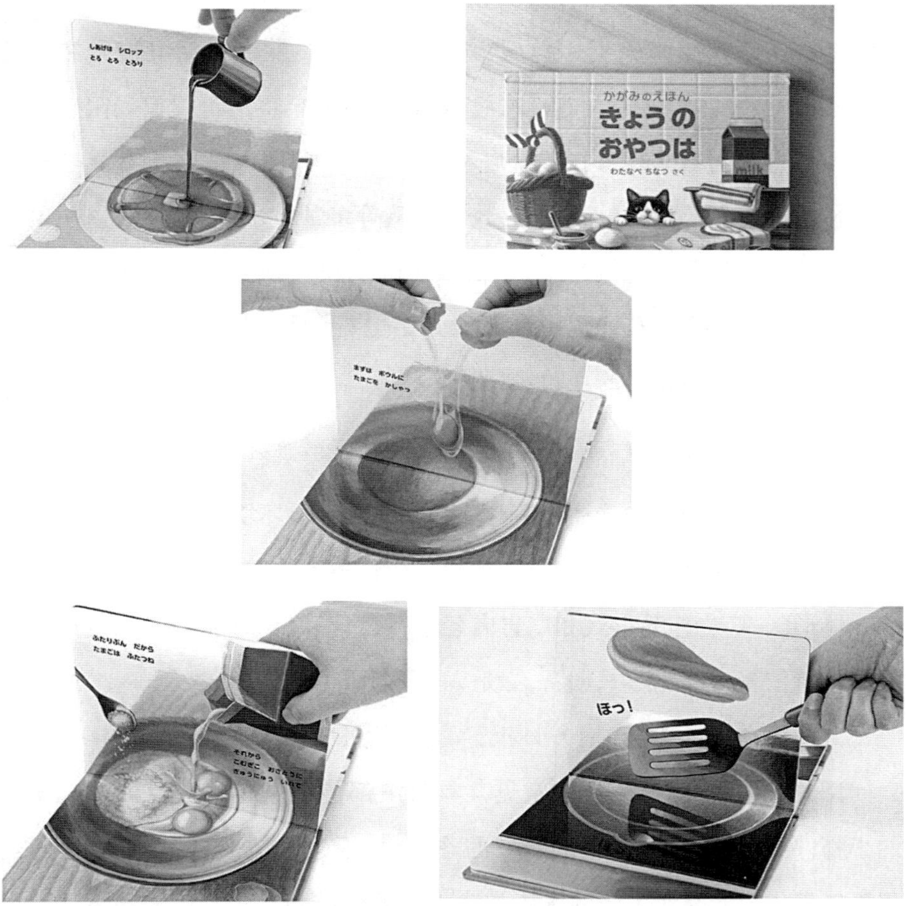

图 5-24　渡边千夏绘制的《今日点心》

广播的改造可以借鉴手机短信或电话订购的方式,将广播节目作为可选择内容,由听众自由订阅收听,将单一的声波频率的传输变为多媒体互动式传播,大大增强听众的自由选择度和自主信息控制度,内容受欢迎自然有广告生存和拓展的空间。电视媒体的改造主要表现为媒体播放环境、接收环境以及互动传播方式的改造,其主要类型有户外电视、移动电视以及网络电视等。户外电视是对电视媒体播放环境的改造,如楼宇电视、卖场电视等。户外电视充分利用了受众在户外的"有闲"时间,让商品信息和广告传播适时填补和满足有闲时间的传播空白。移动电视有车载移动电视与手机移动电视等不同形式,在公交车或出租车等载体上推出移动电视系统及其相关服务已经在国内绝大多数城市中得到推广。手机移动电视则在移动性、个人化以及互动性等方面日渐成熟,其广告内容将不再仅仅局限于文字与图片信息。网络电视是在传统电视基础之上,利用电信网或有线电视网作为传输通道,集因特网、流媒体、数字通讯等多种技术于一身,以家用电视机为主要的接收显示终端,提供包括数字电视在内的多种交互式服务的崭新技术。不同于模拟有线电视和一般数字电视,网络电视很好地实现了电视观众与电视媒体之间的互动,强调了节目的个性化。

3.强调媒体环境和传播内容相互融合的突破性媒体形式创意

在广告设计和广告传播过程中,注意媒体发布环境以及广告创意主题和产品特点的结合,形成独特的创意形式。这表现在三个方面,一是依托传统媒体形式、广告作品形式和广告内容进行设计和发布的创新,二是广告作品本身所依赖的媒介形式创新,三是以上两个方面的结合。

云山诗意楼盘选择《南方日报》"气象预报"和"深珠新闻"这样原本少人问津的冷门版面,以生活中常见又具有浓郁传统文化特色且能体现亲情的小物件为形象载体,在逐渐寒冷的季节里,通过温暖的标题和画面元素,将天气变化与产品所主张的亲情与家人的关怀结合起来。广告整体调性温馨而亲切,尤其是广告设计上异形的使用,以本身就充满智慧的全新广告形式创意，印证了云山诗意“东方人居智慧”的品牌核心。奥美公司也曾为空客 A380 做过类似的创新形式的报纸广告，大幅的飞机机翼剪影覆盖在报纸上，让读者误以为空中有飞机经过，巨大的异形报纸广告同版面新闻《历史上超大型全双层飞机空中客车 A380 首航成功》呼应，突出了广告主题，吸引了读者的注意。

广告作品所依赖的媒体形式本身的创新也在广告设计与发布过程中屡屡可见。媒体作为广告传播活动的一部分，其独特的形式创意成为广告作品之外的另一个展现广告主题和产品特点的元素。耐克的一组灯箱广告，展现了运动鞋穿箱而过瞬间的景象，其创意延续了以往耐克“Just Do It”的品牌理念，突出穿上耐克鞋后风驰电掣的运动快感和冲破一切障碍、不受任何阻挠的独特观念和个性。

突破性的媒体样式创意在户外广告中较为多见，极易以其新奇性吸引足够多的注意。国外某品牌泡泡糖广告为一个被破碎的泡泡糖蒙住眼睛和半张脸的男孩面部特写的立地广告牌，而周围的树丛里、树杈上也布满了以特殊材料制作的泡泡糖碎片，巨大的泡泡破碎后充满了广告牌及其周围的空间，夸张的传播内容以及同周围环境的有机融合让我们在观赏这一广告时不由得叹服广告新颖的媒体创意。

更多的广告传播活动和广告设计作品是把广告设计与发布的创新同媒体环境的创造性使用紧密地融合在一起，从而创造出协调一致、更具传播效力和消费者吸引力的优秀广告。香港灵智广告曾为“无国界医生组织”创作了一组以反映医疗援助为主题的公益广告，系列广告选择了公交车窗玻璃、餐厅烛光杯、电梯轿厢以及卫生间为广告媒体，广告标题分别是“对我们的救护车来说，穿梭于有狙击手的阵地，并不稀奇”“有时，这可能是我们实施医疗援助时的所有光线”“在灾难的环境里，这或许是我们实施手术的整个空间”“有时，这里的卫生条件要好于我们手术时的”。广告作品将媒体环境同广告诉求主题完美地结合在一起，以引起受众身临其境的感受与共鸣。

4.强调传受双方的互动和沟通,以互动接触作为媒体创意的核心,进一步提高广告的接受效果

平面广告往往能体现为一个接受过程,在这一过程中强调施受双方的共同作用,尤其是通过受众的主动接触来完成广告发布和诉求活动。电视媒体通过手机或其他形式吸引受众参与节目,报纸媒体通过广告中所刊登的优惠券来了解和刺激消费者的消费行为,这都是媒体实现互动的形式。而媒体创意中的互动则更为直接和明显,互动成为广告的主题和内容,而不仅仅是为了了解效果和进行广告调查。广告创意是需要调动受众多方面的感觉器官才能够理解和体会的,多重感受器官的参与无形之中强调了广告诉求主题,并提高了受众接受广告甚至研究广告的兴趣。

获得 2008 年戛纳广告节户外广告铜狮奖的《射击训练》就是一个很好的体现受众与设计作品互动传播以增强观者感受的例子。该作品是由北京奥美为世界自然基金会(WWF)设计发布的,作品将人行通道变成动物的射击场,动物掌中的枪口,都藏有一个红外线感应器,只要有人走过,感应器就会从音箱中发出枪声,意在表现如果被伏击的对象是我们人类,那我们的感受会怎样?WWF 想让人们换位思考!在这一作品中,受众不仅有逼真的视觉冲击,更令人心寒与胆怯的是走过时听到的枪击的声音,多重的感觉造就更深刻的感受。

广告设计作品的接受过程还可以延伸为趣味性的操作和游戏过程,只有受众亲自参与到这个过程中,广告作品才完成,广告传播活动才完善。以获得 2006 年金铅笔青年创意大赛学生组媒介创新奖的万事达卡广告为例,该系列作品在延续“万事皆可达,唯有情无价”的品牌理念下,将传统平面媒体的内容以互动和立体的方式展现在特殊媒体(鞋店、服装店、珠宝店的各种镜子)上,消费者购买商品时的试穿或试戴,就成了广告的一部分,迎合了“鞋子(衣服、珠宝)有价,但美丽无价”的传播主题。以受众亲身参与的方式完成广告传播活动,使得作品的新颖性、创造力和说服力得到较大提升,

同时制作简便,成本低廉,媒体的存在环境更符合万事达卡的消费状态。

5.现代广告环境下,广告创意越来越注意在整合行销理论下强调同一广告主题的多种媒体创新性组合与传播,让消费者处于360度的品牌形象包围之中

日本电通公司田中贵嗣认为,为了应对不断变化的消费者而采取的跨媒体大型推广活动要注意四个方面的问题,分别是:有没有能够吸引人的点子?有没有将感兴趣的人诱导至网站的装置?能否拉近访客与品牌之间的距离?有没有正面口碑传播的招数?我们认为这四个方面正好是多种媒体组合中各个媒体担负的不同职责和任务。在同一广告诉求主题下,不同媒体担任了触发、诱导、说服以及深度沟通的不同功能。媒体创意不仅仅体现为媒体技术和媒体样式的创新,还体现为赋予不同媒体不同的广告传播任务,以实现最佳组合传播效果。以日本电通公司为日本株式会社小学馆所做的品牌推广活动为例。小学馆为日本综合性出版机构之一,著名的漫画作品《哆啦A梦》《名侦探柯南》等均出自该社。电通公司在其广告传播中综合使用了户外海报、手机媒体以及网站等多种媒体组合。海报中的卡通形象由众多的二维码组成,受众用手机对二维码进行照相或发送图片至信息平台,即可自动搜索到小学馆专门为此次活动制作的网站内容。这一过程中,户外海报、二维码、手机、网络,不同的媒体形式在统一的广告主题指引下相互配合、协调传播,共同实现了提升小学馆品牌形象的最终目的。该活动也为电通公司赢得了2007年戛纳广告节的媒介金狮奖。

如上文提到的在新媒体环境下,消费者行为模式已经从原先的AIDMA过渡为更为准确的AISAS,这其中,Search和Share对品牌来讲尤为重要,而两者都主要在网络媒体上实现,因此电通公司的媒体创新组合的核心媒体就是网站。而如何让消费者在浩如烟海的网络世界里注意到我们的产品信息呢?也即“有没有将感兴趣的人诱导至网站的装置?”田中贵嗣提出要让人产生想上网进一步了解品牌的愿望,让人产生想上网体验有趣的网络内

容的愿望，让人产生想通过上网找到答案的愿望，让人产生想上网发表意见或感想的愿望，让人产生想通过参加网络促销活动获得奖品的愿望。在媒体组合过程中，可以使用诸如电视片、户外、网站、店铺、杂志、DVD、电影、公关、手机、博客等多种媒体样式，根据广告目的和广告主题赋予它们不同的任务，区分轻重缓急，以实现最大的传播效力。

三、媒体创意与广告创意的关系

媒体创意与广告创意作为一个硬币的两面，其融合或者对立状态必定会影响广告传播活动的最终效果。笔者认为，二者不应该是分离的，而应该紧密融合、协调统一，二者之间是物质技术与思想观念的关系，是外在形式与内在内容的关系。

二者是以物质和技术为基础的媒体创意与以思想和观念为先导的广告创意的融合。作为广告传播的载体与中介，媒体的所有创新性运用都是建立在对于物质材料和技术条件的选择和变革基础之上的。手机二维码技术沟通了平面媒体与手机网络，使广告传播的媒体组合更加有效，同时也为广告创意的先导观念——提供更多传受互动方式、使消费者获取更多样信息，发展了更有效的手段。正确的广告创意观念是要领先于物质和技术条件的选择的，起码后者要受前者的指导与控制，只有这样，我们才能做到不为媒体而媒体，不为创新而创新。

二者是立足形式变革和新颖创造的媒体创意与展示品牌形象和产品内容的广告创意的融合。在这个传播过度的时代，形式的多样化始终在“乱花渐欲迷人眼”，但内容为王的提法和口号并不过时。所以，对于媒体创新来讲，能否真正体现产品的特点和差异化的品牌形象，能否表现充实的广告主题和诉求重点，是一个非常重要的课题。形式终究是为内容服务的，形式终究是要体现和承载内容的，分得清重点才能突出重点，才能在保证目标明确、对象准确、诉求合理的情况下求得最大的传播效果。

关于二者的关系应该是广告创意设计过程中必须要探讨清楚的问题，只有处理好二者之间的关系，我们才能在广告传播目的明确、定位准确的前提下实现新奇诉求、特异传播，并取得最佳的品牌传播效果。这两者也是广告创意设计科学性与艺术性辩证统一的另一种写照。广告创意方向保证了广告设计的科学性，保证了正确的诉求方式；媒体创意则能实现广告设计的艺术性，力求更加吸引受众的注意，获得良好的传播效果和社会效益。

思考题：

1.广告传播媒体有哪些？试比较它们的优劣势。

2.试举例说明广告策划中的媒介目标有哪些。

3.某牙膏品牌欲在北京举行为期三个月的广告推广，试为其策划媒介组合方案，并说明理由。

4.试举例说明广告媒体创新的方式方法。

第六章　广告活动策划与创意

在广告策划过程中,除了依赖各类媒体发布广告信息,我们还可以通过策划与创意综合营销活动的方式来同消费者进行全面接触和沟通,作为广告运作活动的有力补充。综合促销活动是向消费者或流通行业传达和宣传企业、品牌、商品的存在和特征、优点,以唤起需求,创造和维持其形象的活动。现代广告运作中的综合营销活动包括了促销活动、公关活动、赞助活动、事件营销、体验营销等。

第一节　促销活动

促销活动是发生在售点的,以消费者、零售商、批发商为对象,在某一特定的较短时期内,向特定的地区、特定的行业或消费者,直接施加影响,力争创造和刺激对商品、品牌的需求所实施的活动。促销活动的对象可以是普通消费者,也可以是中间分销商。

面对消费者的促销方法有很多,可分为“提供实惠”“竞赛”“减价效果”“形成制度化”等类别。具体来说包括如下的方法。

免费样品试用法：将一定数量的样品发给消费者使用，通过试用，激励消费者了解产品“优点”的方法。产品试用监测法：以提交使用感想等为条件，让消费者试用商品（多为耐用消费品），使其了解商品优点的方法。示范表演法：通过实际操作的现场表演，使消费者了解其商品优点的方法。包装赠送法：原则上是在包装商品时，装进赠送品，使所有购买的人都能获利的方法。这种方法可以辅助样品试用法开展。免费赠品法：通常是由制造商提供一些小礼物，如玩具、钥匙扣等，在消费者消费后赠送给他们。自费赠品法：这需要消费者为赠品承担一部分或全部的价格。制造商通常购买大量的物品作为自费赠品，并以低于零售价的价格提供给消费者。其目的并非由此获利，而是为消费者提供较低成本的便利。容器赠送法：用完商品后容器本身可以继续使用的赠送品，这是使所有购买人都能获得利益的方法。其基本目的在于刺激购买，从竞争者的顾客层中吸引一部分人，以扩大顾客群。付费赠品法：请应征人负担部分赠送品开支的方法。为此要使应征人能确实获得相对高额的赠送品，以刺激购买。而此赠送品的价值必须胜于应征和汇款的劳力、时间，还要同时开展能唤起赠送品魅力的宣传活动，并进行大量的陈列。

另外还有应征抽奖法：通过抽奖，向应征人赠送奖品以促进购买的方法。应征抽奖必须仔细研究大众传媒的支持和适当打折等问题，同时进行商品的大量陈列。当场抽奖法：当场揭晓中奖结果以刺激购买的方法。此方法具有强烈的“中奖”“空奖”的惊险感，因此具有越是购买次数多，越能刺激挑战欲望的效果。但是由于是否中奖可当场揭晓，主办人没有可控制手段，必须极其慎重地开发抽奖办法。竞赛法：不一定以购买为条件，让消费者以技巧和能力应募参加竞赛或比赛的方法，这种方法可以作为媒体广告的补充，提高知名度，或形成话题。如果竞赛必须提供一定的购物证明才能参与的话，就能起到一些激励购买的作用。发放优惠券法：发放优惠券或折扣券，消费者在购买时使用优惠折扣券的折扣率进行购买的促进购买方法。

这种方式既有攻击性,又具有防御功能,但需要在设计之初研究其经济效益。因为优惠券的回收率不但与券面的价值有关,还会因分发方法的不同而产生很大差异,所以必须从这两方面考虑其经济效益。优惠券可以印刷在报纸和杂志上,也可以通过邮寄、网络打印、店内派发、消费后赠送、包装内附赠等方式提供。

此外还有现款回扣法,即只要寄上商品购买证明,便可退还部分购买金额,以刺激购买的方法。这种方法原则上属攻防兼用的万能方法。因是折价的办法,应慎重设定回扣金额。试用价格法:把限定数量的商品在出厂阶段进行特别打折,以刺激购买的方法,适用于试买,或成批购买。但是成批购买时,如果不能准确预测销售量扩大的可能性,则有可能使促销误入歧途。优惠加量包装法:在价格不变的情况下增大产品的容量,以此刺激购买的方法。如"特别奖金包装",有时还可激发再一次尝试。特殊事件包装法:为特别的事件,如奥运会、新年等,提供特别包装,以刺激消费者的新奇感,从而提高销售量的方法。满额赠送法:当消费者的某产品消费额超过一定的标准后,赠予其一定的试用品或奖品,以达到刺激消费量的作用。集邮刺激法:消费者每次购买商品后,可获得一个印章或小标志,当印章、小标志达到一定数量后,可以获赠奖品,以促进持续购买的方法。会员组织法:使顾客加入特别的会员组织,通过提供优惠,使之成为稳定顾客群的方法。此方法不应作为消极保住顾客的措施,而应作为可靠的"兜销市场"来积极应用。

针对中间商的促销方法也较多:对中间商折让,即面对零售商和批发商,通过折扣和优惠激励他们储存、展示或销售产品,包括减价、津贴、提供赠货等方法。合作广告,即在许多合作广告协议中,制造商同意支付零售商在当地刊播广告费用的一半,以支持自己的品牌。但协议也会根据产品类别、零售商广告的价值、制造商投入广告的金额等因素而有很大的不同。同业折价券,是指由零售商和制造商合作发放折价券,允许某品牌在特定时期、特定店铺内适当降低价格。其与制造商的折价券不同之处在于，这种方式的折价券只限定于特定的零售店兑换。零售商特别喜欢这类折价券，因其有利于他们的竞争；制造商也喜欢这种方法，因为它能保证零售商给自己的产品以特别的关注，并通过折价券的派发过程，使品牌得到额外的暴露。店头宣传品 POP 法：其内容可以包括移动陈列品、商品指示标志、店头宣传物，或提供一些挂件、装饰品、箱柜等，开始是提供给零售商作展示用的，后来却常常成为店中的固定物品。经销商装货器法，是指把产品包装在陈列品中，像独轮手推车、货车或其他贵重赠品中，产品卖完，零售商就得到赠品。竞赛：零售商按特定的成绩，如购买量、总销售额、销售额增长率等进行比赛，获胜者将赢得制造商所提供的旅游、高价值奖品。竞赛对独立零售商比对连锁店更有效，因为连锁店经理的酬劳管理更严格。经销商、分销商、零售商店等的管理层可能对此活动有更大的兴趣。

另外还有推动费法：制造商为推广产品线中的特定项目，直接付给推销人员酬劳。这是在实施中鼓励推销人员推广某一特定产品，使其获得额外现金奖赏的一种方法。销售会议法，是由制造商的销售代表针对零售商所举办的会议。通常是组织零售总部人员或商品规划经理参加，由其将会议内容转告全体销售人员。销售会议可以是简单的会议，也可以附带旅行和专业的展示。在新产品、新推广、新广告活动上场时，这种形式更为重要。销售人员培训计划法：许多品类的产品在零售阶段需要产品知识丰富的销售人员，他们可以把产品、品牌、型号、功能、促销方案等产品优势为消费者展示得比较到位地展示给消费者。

在实施促销活动以配合广告活动时，要考虑到多方面的因素。要明确促销诉求的内容、诉求的要点、促销要达到的目标、工作开展的对象、促销时间区间、促销的具体方法以及促销活动如何与广告活动配合等。

第二节　公关活动

公关即公共关系，英文为 Public Relationship，是旨在使企业和社会之间形成更加良好的关系的活动。公关活动的种类很多，有面向大众媒体的软性新闻宣传，也有现场组织的沟通活动。自 20 世纪 80 年代开始，公关活动越来越受到企业和市场的关注，但这期间也曾有过相当多的误解和歪曲。90 年代以后，随着大量国外公关公司落户中国，并伴随市场的日益完善和成熟，公关活动逐渐得到市场的正名。现今因为其具有的灵活、综合的信息交流手法，公关活动已经成为信息整合中的重要环节。

1.面向大众传媒的公关活动

面向大众传媒的公关活动主要是向报纸、杂志、广播、电视等媒体的记者发出信息，争取媒体的采访，并设法让其刊登更为理想的报道而进行的一系列活动。广告公司有必要与公关公司建立密切的关系，以便从侧面促使媒体刊登有利于广告客户的报道。为此广告公司要做的工作有如下几个方面。

（1）新闻稿的制作和分发

向记者提供成文报道资料，此文可以称为“新闻稿”或“通稿”，通常是企业发布的正式信息。发布信息时，注意不应带有明显的主观宣传的色彩，应该体现文稿的客观性原则，尽量做到即使不加修改，记者也可以作为报道直接使用。而且要注意成文后的稿件要公平地发给各个媒体，保证时间和信息内容的同等条件。因此，要事先通知各媒体的主管记者，定下时间分发资料。

新闻稿成功的基础在于，它能发掘记者感兴趣的新闻素材，写成类似新闻的稿件，并公平地发送到记者的手里。广告公司负责公关的人员还必须具备从记者的观点去思考问题的素质。

(2)新闻发布会

举办新闻发布会或记者招待会,公布新产品或企业重要决策时,不仅要分发新闻稿,而且还要由企业的重要负责人或主管领导向记者进行讲解。值得注意的是,只有在有必要取得记者的深度理解时,才去举办这种新闻发布会。

另外,也会有记者要求举办新闻发布会的情形。为此,召开记者发布会时,往往需要由分管宣传的人员进行一些诸如动员记者出席,或预先编写记者提问的答案的准备工作,这些事宜均会由广告公司进行全面协助。

(3)与记者建立日常往来的关系

不仅要与记者交换必要的信息,而且还必须与其建立日常的往来关系。通过安排记者与公司领导人举行畅谈会或简短的研讨会活动,与记者建立密切互动关系。另外,在广义的与新闻界的关系中,还包括向杂志或电视节目支付制作协作费,或买下版面登载报道体裁的软文广告。

2.现场公关活动

现场公关活动是指各方人士聚集在某一个特定的场所进行交流的广告活动。企业开展现场公关活动的类型与目的也不尽相同,其主要目的是:利用现场广告活动,起到公关的作用;树立企业形象;表达企业对社会的观点与看法。这些都可以被称为拥有公关目的的活动。现场公关活动的形式有:以演讲和谈话内容为主的研讨会;面向有关人员的集会;大型商品发布展示会;设施的开幕典礼;博览会、展览会;为形成话题而举办的街头现场活动和路演;企业的创业或重要事件的周年纪念等正式典礼;企业的公关设施或工厂运营活动的参观。

3.危机公关

危机公关是企业公关活动的特殊方式,是在企业发生产品质量、销售活动或其他方面的社会大众信任危机时，为避免或者减轻危机所带来的严重损害和威胁，从而有组织、有计划地制订和实施一系列公关措施和应对策略的动态过程。危机公关与其他类型公关相比，其面临的公关背景具有意外性、聚焦性、破坏性和紧迫性的特点。

意外性指危机爆发的具体时间、实际规模、具体态势和影响深度，都是无法预料的。聚集性指进入信息时代后，危机的信息传播比危机本身发展要快得多，俗语说“好事不出门，坏事传千里”。尤其在网络时代，每一个个体既是信息的接收方，又是信息的发送方，每个人都可成为媒体。破坏性指不论什么性质和规模的危机，都必然会不同程度地给企业造成破坏、混乱和恐慌，而且由于决策的时间以及信息有限，往往会导致决策失误，从而带来无法估量的损失。紧迫性则是对企业来说，危机一旦爆发，其破坏性的能量就会被迅速释放，并呈快速蔓延之势，如果不能及时控制，危机会急剧恶化，使企业遭受更大损失。

对于企业危机的处理，国内营销专家敖春华提出，公关是处理企业危机的重中之重，一切屏蔽危机消息的技术手法都是纸包火的方法。敖春华提出常见危机处理的四种方式：第一，利用搜索引擎压制负面消息；第二，利用公关删除负面消息来源；第三，结合事件本身制订根本性解决方案，利用公关彻底平息事件；第四，进行舆情监控，第一时间妥善处理相关问题，去除危机滋生的温床。

4.公关作品

即应用于公关活动中的媒介物或设计作品等，如公司简介、公关杂志、公司内部报刊等印刷品，被制成录像、照片、幻灯片等图像形式的作品，还有包含以上内容的光盘资料等。网站在某种程度上也是一种重要的公关作品，因为企业组织的网站适合提供内容详细的信息，便于建立社会各界与企业组织的良好关系，并使受众在主动了解信息的过程中获取对企业组织的好感，所以在网站建设方面花心思、下功夫，是非常值得的。

第三节　赞助活动

赞助活动指生产商提供财力支持，赞助某一活动，作为回报，生产商可以获得在活动现场展示品牌名称、标志或广告信息的权利，如果电视节目对活动进行报道，那么，生产商的品牌或标志还可以与电视观众见面。

赞助活动从规模上讲，可以是国际性的，也可以是地方性的。广告主既可以找一个现成的活动来赞助，也可以专门设计一个活动来赞助，以便让自己的细分目标受众参与活动。参与活动的受众容易接受广告信息的暗示，而活动本身又可以得到广播、电视和印刷媒介的报道，因此，赞助活动既可以使赞助者与真正的消费者实现面对面的接触，又可以同时或随后得到大众媒介的报道。

赞助活动的对象有很多，可以赞助体育活动，也可以赞助文娱活动，或者是选秀活动等。对于任何企业来说，赞助活动的主要动机是使自己的品牌成为电视节目的一部分，使观众有机会看到它们。在赞助活动的早期，人们往往不太清楚如果付出了赞助费，企业能从中获得什么回报，甚至在今天，仍有许多人认为赞助行为，尤其是赞助体育赛事的行为，有可能是出于自私自利的目的，是对金钱的一种浪费。许多企业目前都在想方设法证明自己的赞助经费的效益：寻找报道文章，以此来判断印刷媒介对其品牌的报道程度，然后，计算出在电视报道和节目预告报道的过程中，提及企业或产品名称的确切次数。

参加赞助活动的方式有很多种，赞助者也有很多种不同的角色。有的为冠名赞助商，指企业为大型体育赛事提供赞助资金，从而获得该项体育活动的冠名权，或在活动的名称中加入企业名称或商品名称。通常，该企业便成为大会的主赞助商，承担的经费也最多。媒体或体育爱好者们只要谈起该大会，就会提及赞助商的名字，这样会对提高企业的知名度产生很好的效果。有的是指定赞助商,指可以利用会场内的广告牌、栏杆广告、选手运动服号码以及程序表等作广告。还有指定商品赞助商,指该赞助商的产品可作为大会的指定商品,并可以在会场内外做广告。赞助形式多种多样,从单纯的比赛用品到场内广告权配套提供等。还有指定运动服、指定饮料、指定用车等形式,这些都因活动规模而异,规模越大,指定商品则越多。

以第29届北京夏季奥林匹克运动会为例,其赞助商就分为四个层次。最高层次的、最长时间的享有最多的北京奥运标志物使用权利的是国际奥委会全球合作伙伴,如可口可乐、通用电气、强生、柯达、联想、麦当劳、欧米茄、松下、三星和VISA等。第二个层次为北京2008奥组委合作伙伴,具体有中国银行、中国网通、中国石化、中国石油、中国移动通信、大众汽车、阿迪达斯、强生、中国国际航空公司、中国人保财险、国家电网。第三个层次为北京奥运会赞助商,如UPS、海尔、搜狐、伊利、百威、青岛啤酒、燕京啤酒、恒源祥、必和必拓等。最后一个层次是北京奥运会独家供应商和供应商。前者享有规定产品(服务)类别的奥林匹克市场营销排他权;后者则是由两家以上同一或相似类别产品(服务)的供应商共享规定产品(服务)类别的奥林匹克市场营销排他权。前者有长城葡萄酒、金龙鱼、华帝燃具、亚都、思念食品、皇朝家私等;后者有泰山运动器材、英孚教育、爱国者相机、水晶石科技公司、奥康皮鞋、立白洗涤、普华永道、大运摩托、微软(中国)等。这四个不同层次的赞助商的赞助费用、赞助时间区限、奥运相关形象的使用权利和广告宣传权限是依次递减的。

除体育赞助外,近年来赞助文艺演出或选秀活动也越来越成为广告主热衷的营销项目。如每年的央视“我最喜爱的春节联欢晚会节目”评选、央视青年歌手大奖赛、以湖南卫视为首的各大地方电视台如火如荼的真人秀活动等,这些节目的收视率在同时期节目中都较高,关注度也较高,因此成为其赞助商或冠名商后品牌和产品的媒体传播力度都很大,故而受到大量商家的追捧。

第四节　事件营销

事件营销是指企业通过策划、组织和利用具有名人效应、新闻价值以及社会影响的人物或事件，引起媒体、社会团体和消费者的兴趣与关注，以提高企业或产品的知名度、美誉度，树立良好的品牌形象，并最终促成产品或服务销售目的的手段和方式。事件营销集新闻效应、广告效应、公共关系、形象传播、客户关系于一体，并为新产品推介、品牌展示创造机会，建立品牌识别和品牌定位，形成一种快速提升品牌知名度与美誉度的营销手段。

事件营销的内涵是同新闻事件和话题进行捆绑，通过话题捆绑的方式来传播产品或品牌。事件营销可以是借势营销，所谓借势，是指企业及时地抓住广受关注的社会新闻、事件以及人物的明星效应等，结合企业或产品在传播上欲达到之目的而展开的一系列相关活动。2004 年 12 月中国南极冰盖昆仑科学考察队开始冲击“不可接近之极”——南极大陆“冰穹 A 点”之际，国家海洋局极地考察办公室与今麦郎在北京正式宣布：“今麦郎骨汤弹面成为中国南极科考队员专用面”，以示今麦郎对中国南极科考事业的支持。随即在 2005 年 1 月，今麦郎骨汤弹面——中国南极科考队员专用面主题广告在央视黄金段位以 1 分钟的“罕见长度”重磅播出。这次广告和营销活动很好地将产品与事件结合起来。今麦郎骨汤弹面的主要特点就在于运用科技手段在产品中加入骨汤原汁，提升了产品的营养价值。众所周知，南极大陆常年处于冰雪覆盖之中，环境极端恶劣，南极考察队员在这种环境下要生存和开展科学研究，如何保障他们的体力是个很重要的问题，人们自然也会对他们的食品产生好奇心。通过电视广告宣传今麦郎伴随科考队员挑战极限，突出了今麦郎富含多种营养元素的特点，使得南极科考队员的需求和今麦郎骨汤弹面的特点在事件营销中找到了最佳的结合点。

事件营销有时也可以造势的方式来进行。所谓造势,是指企业通过策划、组织和制造具有新闻价值的事件,吸引媒体、社会团体和消费者的兴趣与关注。2005 年 3 月北岛品牌传播机构为天津一汽策划了丰田新皇冠下线仪式。仪式以“心存高远,追求卓越”为主题,在现场布置了三个巨大的半透明中国瓷玻璃升降罩,将三辆预备下线的皇冠车罩于其中,最终,一辆黑色皇冠车从中央升降罩中驶出,穿越人群开向主席台。中国瓷器般的半透明升降罩与新皇冠低调典雅的气质高度吻合,其具有东方色彩的造型也与一汽丰田“东方造车之道”的理念相互呼应。在流程安排上,现场表演的舞蹈部分使用了独到的 LED 大屏幕与之互动,形成多媒体舞蹈形式。整个下线仪式成了一次“车坛盛事”,天津市委书记、市长,日本驻华大使,丰田总部社长等政府官员和企业决策层参加了活动,并吸引了来自中国和日本的上百家媒体和 200 多位记者。

第五节　体验营销

体验营销是指企业采用让目标顾客观摩、聆听、尝试、试用等方式,使其亲身体验企业所提供的产品或服务,让顾客实际感知产品或服务的品质或性能,从而促使顾客认知、喜欢并购买的一种营销方式。这种方式以满足消费者的体验需求为目标,以服务产品为平台,以有形产品为载体,生产、经营高质量产品,拉近企业和消费者之间的距离。伯恩德 · H.施密特在《体验式营销》一书中将不同的体验形式分为五种。一是知觉体验,即感官体验,将视觉、听觉、触觉、味觉与嗅觉等知觉器官应用在体验营销上。二是思维体验,即以创意的方式引起消费者的兴趣、对问题进行集中或分散的思考,为消费者创造认知和解决问题的体验。三是行为体验,指通过增加消费者的身体体验,指出他们做事的替代方法、替代的生活形态,丰富消费者的生活,从而促使消费者改变自己的生活形态。四是情感体验,即体现消费者内在的感情与情绪,使消费者在消费中感受到各种情感,如亲情、友情和爱情等。五是相关体验,指通过实践自我改进的个人渴望,使别人对自己产生好感。它使消费者和一个较广泛的社会系统产生关联,从而建立对某种品牌的偏好。

灵智精实广告上海分公司2004年5月为“人头马·Remy Martin”策划了“感触无限”的晚宴活动。“人头马·Remy Martin”是来自欧洲皇宫的干邑白兰地,其口感细腻柔滑、美味香醇,同时还代表了一种自我主张、永不妥协的生活理念。为了让年轻人体会品牌的内涵,晚宴活动力求以嗅觉、触觉和听觉来代替视觉,以感官来挑战思维。晚宴活动在上海、北京、深圳等7个城市同步展开,以“亲身体验、感触无限”为核心策略,邀请了当地文艺界、文化界以及时尚界的知名人士和媒体代表以及目标消费者为嘉宾。在现场特别设计的隧道里,参加人员可以亲手触摸和感受布料、丝绒、丝绸等物料,又可以嗅到“人头马·Remy Martin”的香醇气息,更可品尝到用各种“人头马·Remy Martin”烹调出来的美味食物。此次体验活动有60多位媒体人士出席,有63家媒体刊登了报道,以感官挑战思维的体验营销创意让产品和品牌深入人心。

思考题:

1.促销活动有哪些方法?列举其中的五种,并举例详细说明。

2.危机公关的特点有哪些?试举例说明。

3.列举五个当下比较受观众欢迎的电视节目,分析其广告赞助特色。

4.什么是事件营销?什么是体验营销?分析二者的异同。

参考文献

傅慧芬.西方广告世界[M].北京:人民出版社,1993.

叶茂中.广告人手记[M].北京:企业管理出版社,1996.

丁俊杰.现代广告通论[M].北京:中国物价出版社,1997.

马谋超.广告心理——广告人对消费行为的心理把握[M].北京:中国物价出版社,1997.

张金海.20世纪广告传播理论研究[M].武汉:武汉大学出版社,2002.

林明俊.广告痴人说梦话:上、下[M].北京:中国物价出版社,2002.

胡川妮.广告创意表现[M].北京:中国人民大学出版社,2003.

樊志育,樊震.户外广告[M].上海:上海人民出版社,2003.

孙大伟.孙大伟的异想世界[M].北京:中国物价出版社,2003.

李欣频.十四堂人生创意课[M].北京:电子工业出版社,2008.

西沃卡.肥皂剧、性和香烟:美国广告200年经典范例[M].周向民,田力男,译.北京:光明日报出版社,1999.

斯蒂尔.广告企划的艺术[M].孙宁,刘士平,译.北京:中国三峡出版社,2003.

格塞雷,埃伯格.广告创意解码[M].沈吕百,黄振家,译.北京:中国物价出版社,2003.

卡普斯.增加19倍销售的广告创意法[M].孟庆姝,译.呼和浩特:内蒙古人民出版社,2003.

舒德森.广告:艰难的说服[M].陈安全,译.北京:华夏出版社,2003.

费尔顿.广告创意与文案[M].陈安全,译.北京:中国人民大学出版社,2005.

奥格威.一个广告人的自白[M].林桦,译.北京:中信出版社,2008.

霍普金斯.我的广告生涯 & 科学的广告[M].邱凯生,译.北京:中国人民大学出版社,2008.

图书在版编目(CIP)数据

广告策划与创意 / 郑建鹏,张小平编著. --北京:中国传媒大学出版社,2018.5(2026.1重印)
(广告专业“十三五”规划教材 21世纪广告学实用教材)
ISBN 978-7-5657-2219-6

Ⅰ.①广… Ⅱ.①郑… ②张… Ⅲ.①广告学—高等学校—教材
Ⅳ.①F713.80

中国版本图书馆CIP数据核字(2018)第033402号

广告策划与创意
GUANGGAO CEHUA YU CHUANGYI

编　　著	郑建鹏　张小平
策划编辑	张　旭
责任编辑	王雁来
特约编辑	张　蕊
责任印制	李志鹏

出版发行	中国传媒大学出版社		
社　　址	北京市朝阳区定福庄东街1号	**邮　　编**	100024
电　　话	86-10-65450528　65450532	**传　　真**	65779405
网　　址	http://cucp.cuc.edu.cn		
经　　销	全国新华书店		

印　　刷	北京中科印刷有限公司
开　　本	787mm×1092mm　1/16
印　　张	14.25
字　　数	205千字
版　　次	2018年5月第1版
印　　次	2026年1月第6次印刷

书　　号	ISBN 978-7-5657-2219-6	**定　　价**	42.00元

本社法律顾问:北京嘉润律师事务所　郭建平